FREDDUS ELEPHANTUS
ET
HORATIUS, PORCUS
SALTANS CINCINNATIS

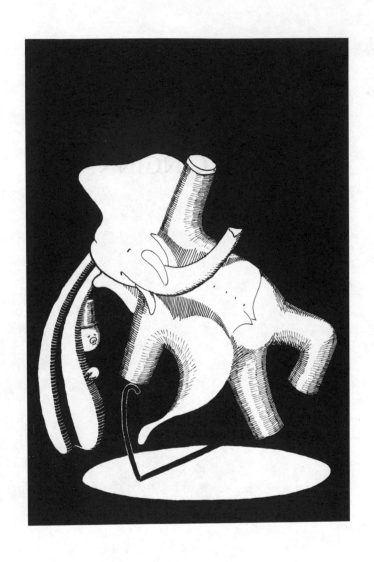

FREDDUS ELEPHANTUS ET
HORATIUS, PORCUS
SALTANS CINCINNATIS

A Pigaresque Elephantasy

EDVARDUS C. ECHOLS
Phillips Exeter Academy
New Hampshire

The Independent School Press
WELLESLEY HILLS
MASSACHUSETTS

8081828384
1234567890

CONTENTS

INTRODUCTIO, -ONIS. F.

Pigs, by observation and by general approbation, are funny. So are elephants, perhaps even more so. Pigs and elephants, unlike apples and oranges, oil and water, are a natural mix, at least in these in-tandem adventures of a mildly worldly pig and a wildly unworldly elephant as they dance and sing their ways through the world of show business.

Happily, present-day Latin proved to be the ideal medium for this porcelephantine chronicle. The triumphs and mishaps of Freddus Elephantus and Horatius Porcus Saltans appear to lose nothing in such translation. Indeed, the occasional small mysteries of the Latin do but heighten the impact of these several mutual and individual adventures, as our pig and our elephant travel valiantly along the pitfalled road to success.

The vocabulary employed is extensive enough to cover the full range of the adventures of our two heroes. Many of the words encountered are exactly their English derivatives; enjoy them, employ them, without guilt. Other words will be less obvious; should their challenge be ultimately unmet without outside aid, a full vocabulary has been provided following the Notes. The Notes are intended to make clear the more obscure and less obvious references and allusions. They also undertake deliberately to unravel occasional vexing points of syntax, for not all Latin, it must be cheerfully conceded, is that limpidly straightforward.

The Syntax is designedly Early Second Year. Among other modest assumptions, it assumes the Subjunctive. Purpose and Result occur, of necessity, since, in everyday life, there is no avoiding purposeful acts, no way not to suffer the results of acts and circumstances. Here, too, the Contrary-To-Fact condition will be encountered, equally of necessity. Could Society, as we know it, exist without the Contrary-To-Fact Condition? It seems unlikely.

Fred and Horace will be well-met in the Fall of the year, after a summer's hiatus, when the Excelsior Syndrome begins again, when Second Year Latin offers its irresistible challenge. If the Subjunctive has not been met in the First Year, then Fred and Horace will brighten the initial efforts of the New Year.

The content of these wonderful adventures is part 19th Century Eclectic, part 20th Century Echoic. Horace, the Cincinnati Dancing Pig, was the hero of a popular song of the 1950's. Fred is a local Exeter invention, although he has his own literary ancestors.

Throughout the tale will appear familiar phrases and phrasing, bits and pieces of once popular poems, recognizable song titles and words of songs, venerable proverbs and pithy sayings, often fractured and fragmented for diverse or obverse effects. These will very likely sound more profound in the new Latin than they did in their old English.

One word of advice, applicable here and elsewhere — always read the Latin from left to right. The Romans heard it that way, the Romans read it that way. But it must be conceded that on occasion superior peripheral vision will bring the main verb earlier into ocular and syntactical focus. When that happens, do not fail to take advantage of your advantage.

The ultimate expectation is that the Wonderful Adventures of Fred and Horace will furnish lavish food for thought — tasty, nourishing, mind-expanding, mind-boggling and, most important, fun!

Bona Fortuna!

Special thanks are due Henry B. Roberts and Marguerite A. Davis, of ISP, for their patient and incalculable efforts on behalf of Fred and Horace — and me!

Edward C. Echols,
Phillips Exeter Academy
March, MCMLXXX

FREDDUS ELEPHANTUS
ET
HORATIUS, PORCUS

SALTANS CINCINNATIS

CAPUT I.   *Freddus Nascitur, Non Fit*

Mater Freddi erat elephanta, Eius pater erat elephantus, elephantus emeritus qui quondam "sedes potentium" tulerat, *dum illi eidem "sedes potentium" vestigia tigridis ferocis sequuntur. Freddi pater, nondum pater, *nomine Glotha, graviter vulneratus est, dum vitam sui domini servat. Itaque a suo domino, qui *opes 5
magnas habebat, Glotha ad pascua viridia emissus est. Et quoque Glothae forti in matrimonium data est elephanta pulcherrima, nomine Myrta. Haec pulcherrima elephanta "malum oculi Glothae" fiebat! Glotha noster ei semper cantabat: "Tu es mea solis lux, mea sola solis lux!"   10

*Quam laetissimi ambo erant cum cognovissent Myrtam esse "in condicione delicata!" Brevi tempore, *deis volentibus, circum suam domum *audituri sint crepitum peditum parvorum!

Cum tandem dies constituta pervenisset, elephantulus bellus natus est! Omnes qui veniebant *ut illum elephantulum bellum 15
spectarent graviter *consentiebant eum vero esse elephantulum. Et verum erat. Nam noster infans grandis habebat caput maximum, nasum longissimum, quattuor pedes planos, unum ad quemque angulum, parvamque caudam quae facile *neglegi poterat. Nam cauda elephanti *multum non facit, neque est vero *multa utilitate 20
praeterquam ad elephantum. Plerumque cauda elephanti *tantum ibi dependet, significans finem elephanti!

Ex hora ipsa nativitatis suae noster elephantulus, a patre matreque plurimum amatus, erat quidem elephantulus laetus et bonus elephantulus, id quod neque quisquam negare poterat!   25

Sed quoque Freddus elephantulus erat tam ingens *ut multae elephantae, amicae eius matris Myrtae, propter magnitudinem eius infantis de matre parva vexarent. Sed Myrta, quae propter infantem grandem et elata et laeta erat, his vexatis elephantis sexus feminei semper respondebat: "*Noli esse ridicula! Non exspectabam 30
'Murem Michaellum'!"

Et cum Myrta inquiebat: "Murem Michaellum!" statim omnes elephantae sexus feminei — nullus elephantus sexus masculini umquam venit *ut ullum infantem ullius sexus spectaret, nam vero si unum elephantulum spectavisti, omnes eos spectavisti — 35
elephantae, stridentes, in omnes partes currebant! Omnes nos bene scimus elephantas mures plurimum vereri! Et haec scientia timoris elephantini saepissime *Myrtae proderat! Nam cum volebat molestas salutatrices sexus feminei dimittere et habere sibi suum carum elephantulum, tantum erat necesse *ut clamaret: "Mus! Mus!" Bre- 40
vissimo tempore nostra Myrta rursus erat sola cum sua infante celeriter crescente.

1

Et quoque Myrta saepe cum voce plenā amoris inquiebat:
"Hic infans grandis est meum decus et gaudium! Is est 'imago
sputans' sui patris et eius nomen erit Freddus!" Et erat. Et si *quis a
matre parva quaerebat *qua re suum infantem grandem Freddum
5 appellavisset, semper Myrta respondebat: "Quod non habet speciem
cuiusdam Caroluli! *Si haberet speciem cuiusdam Caroluli, deinde
eum Carolum appellavissem!"

Itaque Freddus noster *pueritiā laetā fruebatur. Parvis cum
suis amicis ludebat, faciebat omnia quae pueri faciunt, ut tempus
10 praeterit. Et est maxime necesse ut memineris hoc: *"Principia
pertinent, ut tempus praeterit!" Et ad crescentes elephantulos, ut
tempus praeterit, principium est vesci!

Nunc dum Freddus noster vescitur et adolescit laetus,
*accidit ut eius patris patronus, ille notus tigridum venator, nunc
15 senex, *e vita subito excederet. Statim patroni filii annuum beneficium Glothae finivit. O quam crudeliter tam saepe iuvenes *senibus
utuntur! Feliciter in hoc tanto discrimine, Glotha a *victore "Facti-
one Rei Publicae" conductus est! Ubique *signum "Factionis Rei
Publicae" Glotha apparebat. Igitur suam familiam bene tolerare
20 poterat, cum ullum signum "Factionis Rei Publicae" *multum pecuniae a multis fontibus acciperet!

Sed heu! In hoc mundo laetitia saepe, saepius, saepissime est
brevis, brevior, brevissima! Nam brevi tempore ea Factio quae
omnia per populum *geri volebat, "Factio Democratica" *imperio
25 nationis iterum potita erat. Hoc facto, Glotha, quod nunc *minus
minusque saepe apparebat et minus minusque pecuniae accipiebat,
mox *repperit se suam familiam modo assueto tolerare non iam
posse. Et, id quod res peiores efficiebat, Freddus, qui nunc vero
crescebat similiter ac *herba inutilis, inutilis herba magna lataque,
30 videlicet plus plusque cibi vescebatur. Quidem suae matri Freddus
videbatur vesci tam multum ut *expelleret suam familiam e domo et
domicilio!

Manifeste erat nunc "altum tempus" ut Freddus eiusque
appetentia ingens *ad se tolerandum domo excederet. Erat "altum
35 tempus" ut noster Freddus exiret et spectaret mundum omniaque
mira quae in eo sint! Erat "altum tempus" ut Freddus noster peteret
suam fortunam! Et aliquid cibi famaeque quoque!

Itaque, quod *omnia bona aliquando finienda sunt, etiam
pueritia laeta, uno die Freddus *domo profectus est, sua matre vero
40 illacrimante amissum elephantulum, nunc non iam elephantulum
praeterquam ad suam matrem. Eius pater simul lacrimabat, sed
lacrimae Glothae vero erant *"lacrimae crocodili!" In suo corde
cordium Glotha *gaudebat quod non iam illi montes cibi *a se
Freddo dandi sunt, nam quidem "Factio Rei Publicae" imperio
45 nationis rursus diu *potitura esse non *videbatur.

2

NOTES

Internal periods — e.g. **Si Caesar** . . . . **vincet**— means that the entire passage, from **Si** to **vincet,** is involved in the note.
An internal dash — e.g. **impetum — facere —** means that only the words actually quoted are so involved.

Page 1

dum. . . sequuntur: "while he was following." **Dum,** "while," regularly patterns with the present indicative, but it shows "Time With" the time of the main verb.

nomine: Ablative of Respect (Specification)

opes: "wealthy." Be careful always to make the distinctions among **ops (opes), opus** and **opera, -ae.**

Quam laetissimi: "How very happy . . . ." **Quam,** with an adjective or adverb, often means "How." *Nota bene* the familiar cry of comedian Jackie Gleason: "How sweet it is!" **Quam dulce est!**

deis volentibus: Ablative Absolute

audituri sint: "they would be hearing." Forms of **esse** are added to the future active participle to form the Active Periphrastic, which describes an action as intended to happen or about to happen. The subjunctive is potential.

ut . . . . spectarent: Adverbial Clause of Purpose

consentiebant eum . . . . esse: Indirect Discourse

neglegi: Complementary Infinitive with **poterat**

multum: Adverbial Accusative, e.g. **Multum non passus est:** "He did not suffer much."

multa utilitate: Descriptive Genitive

tantum: "only." This adverb appears often in this story. Be alert!

ut . . . . vexarent: Adverbial Result
Noli esse: the regular Negative Imperative
ut . . . . spectaret: Adverbial Purpose again
Myrtae: Dative with **proderat**
ut clamaret: Subject of **erat,** a regular construction with **necesse:** "It was necessary that . . . ."

Page 2

si quis: "If anyone . . . ." After **si, nisi** and **ne,** the indefinite pronoun: "anyone, anything" is regularly **quis, quid.**

qua re . . . . appellavisset: Indirect Question depending upon **quaerebat**

Si haberet . . . . appellavissem: A Contrary to Fact Condition. This type of condition, essential to lawyers, makes a statement that is not true because the condition that might have produced it is equally not true. Do you know the old folk song, *Lavendar Blue*? In it is a prime Contrary to Fact Condition: "If I were king, dilly, dilly, you would be queen!" The facts are: I am not king, *ergo*, you are not queen!" But if, contrary to the fact, I were king, you, contrary to the fact, would be queen. Here there is a Mixed Contrary to Fact Condition: "If he were. . . . I would have. . . ."

3

pueritia: Ablative with Special Deponents

Principia....praeterit: echoes the song: "As Time Goes By," featured in the film *Casablanca,* one of Bogart's best.

accidit ut ....excederet: "It happened that...." The Noun Clause of Result is the subject of **accidit.**

e vita ....excedere: "to depart from life." One of the many Latin euphemisms for "to die."

senibus: Ablative with Special Deponents

victor: as an adjective, "victorious"

signum: i.e. "as the symbol"

multum pecuniae: "much (of) money." A number of Latin neuter singulars regularly pattern with the genitive case.

geri: Present Passive Infinitive, Complementary with **volebat**

imperio: Ablative with Special Deponents

minus saepe: "less often" Remember that adverbs can modify other adverbs.

repperit: "he found" Often, as in English, "find" serves as a verb of Communication and patterns with an Indirect Statement.

herba inutilis: "weed!"

expelleret...domicilio: The English idiom is: "He was eating his family out of house and home!"

ad se tolerandum: "to support himself" The gerundive with **ad** regularly expresses Purpose. And remember: "The gerundive is an adjective!"

omnia...finienda sunt: "all ...things must come to an end" When a form of **esse** is added to the future passive participle — the gerundive— the Passive Periphrastic Conjugation results. This passive conjugation expresses necessity or obligation. It is wise to memorize as a pattern Old Cato's famous reminder to the Romans: **Carthago est delenda!** "Carthage must be destroyed!"

domo: "from home" Along with the names of cities and towns, **domus** and **rus** regularly pattern without a preposition.

lacrimae crocodili: "crocodile tears," i.e. tears without true grief.

gaudebat quod gaudere regularly patterns with a **quod**-clause

a se: Ablative of Agent. With the Passive Periphrastic, agency is regularly expressed by the dative, unless there are two datives present, in which case the Ablative of Agent is used.

potitura esse: the subject is **Factio.**

videbatur: "seem," a common use of the passive of **videre**

CAPUT II.   *Cincinnatos, Illam Veterem Urbem Flumineam, Pervenit Freddus, Noster Peregrinans
Elephantus.

Freddus postquam domo excessit, ambobus parentibus
lacrimantibus sed non propter easdem causas, diu circum hanc
magnam patriam nostram vagabatur. *Aliis quae videbat fruitur,
aliis stupefactus est, sed omnia semper conabatur, apud ea, tandem,
suam patientam. Nam cum Freddus noster esset *fidus, fortis, pius, 5
verax, lutus et cetera, *semper paratus, *semper fidelis, tamen heu!
omnes hae splendidae virtutes solae *ad elephantum tolerandum
suo modo assueto his diebus non satis sunt.
    Quidem est mundus durus, crudelis mundus, *cum aut homo
aut elephantus suum curriculum incipit. Infeliciter nostro *Freddo 10
nulla ars, nullum artificium erat, *quo se tolerare suo modo assueto
*posset. Et cum Freddus de suo praedicamento putabat, et saepe
faciebat, semper secum dicere solebat: "Id quod ego vero optime
facio est elephantum esse!" Et *arbitreris *esse elephantum futurum
esse satis, etiam magis quam satis, ulli elephanto! Sed infeliciter hos 15
dies omnes qui elephantos habere volunt petunt elephantos *qui
saltent, qui per circulos saliant, maximos circulos, elephantos qui in
parva sella considant, magnis portionibus *sui undique dependenti-
bus, aut elephanti qui duobus pedibus ambulent, naso longo vexillum Americanum ferentes! Sed heu! Et iterum heu! Noster Freddus, 20
si tu scire verum *vis, et ego scio te facere, non poterat facere unum
eorum quibus honeste se tolerare posset! *Quid faceret? Quid
faceret?
    Hīc est dicendum Freddum nostrum paulo inhoneste se tole-
rare temptare paene paratum esse! Nam taurum caudā *comprehen- 25
damus et rem "quadrate" spectemus — omnino erat necesse ut
Freddus Grandis saepe vesceretur! Cottidie Freddus in latitudinem
*maiorem, in longitudinem maiorem, in altitudinem maiorem, in
circuitum maiorem crescebat et crescebat et crescebat, et finis in
conspectu nondum erat! Quidem nunc tam grandis erat noster 30
Freddus ut eius finis in ipsius conspectu non iam esset neque iterum
esset futurus! Sed ille est modus mundi ad elephantos crescentes, et
ad ceteros nostrum quoque! Est omnino necesse ut omnes nos
vescamur dum crescimus, et saepe! Quidem omni elephanto cres-
centi maxime *opus est montibus cibi, nostro Freddo non excepto! 35
    Itaque suam fortunam montesque cibi petens, Freddus trans
hanc patriam magnam nostram procedebat. Et maxima cum diffi-

5

cultate hoc tempore *efficiebat ut fines inter se convenirent. Memento *Freddo esse nullam artem, nullum artificium! Tandem, postquam longe lateque, hic, ibi et ubique trans nostram patriam iter fecit, forte se repperit in illa urbe Medi-Occidentalis, illam
5 veterem Urbem Flumineam, Cincinnatos, famosam per totum mundum propter eius *"chilos"!

NOTES

Page 5

Cincinnatos: Accusative of Place To Which Names of cities regularly omit the preposition.

Aliis...aliis: "Some ...others..."

fidus, fortis, etc: Fred was indeed a good scout!

semper paratus: motto of the United States Coast Guard

semper fidelis: motto of the United States Marine Corps

ad elephantum tolerandum: Gerundive of Purpose again!

cum...incipit: "When...." A Cum-Temporal Clause with the indicative, expressing time only

Freddo: Dative of Possession **Freddo nulla ars erat = Freddus nullam artem habebat.**

quo: Ablative of Means

posset: introduced by **quo,** a Relative Clause of Purpose

arbitreris: "you would think" The indefinite second person singular regularly patterns with the subjunctive. The subjunctive is potential.

esse elephantum: The infinitive phrase is the subject of **futurum esse,** which is the verb in the Indirect Statement depending upon **arbitreris.**

qui saltent: The subjunctive is regularly used in a relative clause describing a type, not a specific

sui: genitive of the reflexive and partitive with **portionibus**

vis: from **volo**

quid faceret: Rhetorical questions — i.e. questions that do not expect an answer — regularly pattern with the subjunctive. Regular question: "What am I doing?"; rhetorical question: "What am I to do?"

comprehendamus: Hortatory Subjunctive

maiorem...maiorem, etc: Such repetition of words for emphasis is a rhetorical device called Anaphora. Anaphora is often like salted peanuts — once you get started ....

opus est: "there is need" In this idiom **opus est** patterns with the dative of the person in need and the ablative of what he needs. In this story, a common construction.

Page 6

efficiebat ut...convenirent: Noun Clause of Result

Freddo: Dative of Possession again!

chilos: Chili is a hot meat and bean stew for which the city of Cincinnati, for reasons not obvious, is currently famous!

CAPUT III.   *Cincinnatis, Freddus Horatio, Noto Porco Saltanti, Occurrit.*

Quis est *qui nesciat hoc tempore Cincinnatis habitare porcum clarum qui callidissime saltabat, etiam divine? Ubicumque ille porcus famosus saltabat, omnes summo cum studio clamitabant illud nomen famā super aethera notum: "Porcus Saltans Cincinnatis!" Et hic porcus hoc tempore erat unus e maximis luminibus 5 theatri et ei erat nomen Horatius.

Infeliciter est dicendum Cincinnatos Freddum nostrum "bracchiis apertis" non accepisse et, suo animo tandem fracto, et suo corde quoque, Freddus in animo habebat ex illa urbe inhospitali paucis diebus excedere fortunamque suam alibi petere. Sed dum 10 noster elephantus deiectus secundum *viam principalem illius urbis flumineae veterisque ambulat, forte *accidit ut in ambulatione tesseram ab aliquo "nuce" neglegente amissam inveniret. Laetissimus, Freddus tesseram amissam sustulit ct in thcatrum obscurum statim perrexit. Ibi statim quattuor sedes a tergo omnino complevit!   15

Ubi designator, is qui spectatores ad eorum sedes ducebat, animadvertit *quid Freddus noster fecisset, rem moleste ferebat. Memento Freddum, *cum quattuor sedes compleret, tamen unam solam tesseram tenere! Itaque designator *iratus, quoque *amens, nostrum elephantum a theatro eicere conabatur, sed videlicet frus- 20 tra! Nam *quis elephantum invitum ex ullo loco eicere possit? Et *cum ille designator persisteret, tandem Freddus nunc ipse rem moleste ferebat! Et naso longo designatorem infelicem *sustulit et in scaenam longo arcu proiecit! Deinde Freddus, ridens, clamavit: "Specta, mater, nullis manibus!" Manifeste, dum iter facit, noster 25 Freddus pauca cognoverat!

Omnes spectatores cum designatorem infelicem *per aera maxima cum facilitate volantem vidissent, ridebant et maxime plaudebant. Vero arbitrati sunt designatorem volantem Freddumque esse ipsos participes actus comoedi qui illo tempore in 30 scaena agatur. Et designator volans, cum descendisset, magnam praesentiam mentis demonstravit! Simulavit se participem actus comoedi esse, et statim e ceteris comoedis stupefactis quaesivit: "Dic mihi, quo loco elephantus iratus considit?" Et statim magna cum laetitia et magna voce comoedi universi responderunt: "Usquam 35 vult!"

Statim designator infelix a scaena *unco magno tractus est, quod spectatores, qui illum iocum antiquum saepissime antea audiverant, sibilare vehementer coeperunt. Quoque proiciebant in

scaenam *holera putrida quae feliciter ad theatrum ad imperitos
actores puniendos tulerant. Sed Freddus — Puer, erat is rusticus! —
illum iocum antiquum numquam audiverat! Ille iocus est tam antiquus ut *barbam longam habeat! Freddus ridebat tanto cum studio
5 *ut de suis quattuor sedibus delaberetur! Et ibi *iacebat, bracchiis
cruribusque et naso longo *solum theatri pulsans! Vero erat mirabile *visu, erat mirabilis visu!

    Deinde aliqui qui, stupefacti, Freddi actiones ridiculas spec-
tabant nunc tacite surrexerunt et ad alios sedes se contulerunt.
10 Manifeste sibi consulebant, si Freddus suis actionibus vehementibus
*"domum detulerit!" Praeterea ei infelices qui post Freddum sede-
bant, *cum super *eum, circum eum, aut per eum videre non possent, tum ad alios sedes se contulerunt.

    Quidem in illo theatro Freddus erat *multo peior quam ille
15 altissimus vir qui semper *ultimo tempore ipso in theatrum venit et
pro te residit, *ut neque actores neque etiam scaenam ipsam videre
possis! His temporibus quoque gigantes in terra ambulant! Si tu non
credis ei, tu *ini in ullum theatrum, conside et mane!

    *Hoc tempore ipso omnes lucernae theatri simul exstingu-
20 ebantur! Theatrum erat omnino obscurum! Illo tempore ipso ubi
Freddus, paulum territus quod nescivit quid gereretur, *clamaturus
fuit, una lucerna, vero una "macula lucis", apparebat, et "totum
silentium in spectatores excitatos incidit!" Aliquid quoque incidit in
caput Freddi, aliquid magnum molleque, proiectum ab irato viro
25 cuius digitos Freddus calcaverat, dum ad quattuor sedes progre-
ditur. Sed ubi Freddus *"aliquid incepturus fuit," mirabile visu, in
"maculam lucis" progressus est porcus, porcus similis *nulli porco a
te antea viso!

    Nam in suo capite cylindrum altum nigrumque gerebat, cir-
30 cum suum collum album vinculum, dum in suo corpore gerit ea
vestimenta quae in toto *"Caudae" appellantur! Et suā dextrā manū
bacillum ferebat!

    Primo erat silentium totum, deinde omnes spectatores plau-
dere et clamitare maxime coeperunt: "Horati! Horati! Salta, porce,
35 salta! Salta donec vaccae domum pervenerint! Tremeface theatrum!
*Te quassa, crepa, et volve! Agita te! Te agita et volve! *Te agita
circum horologium! Salta, Horati, salta!" Videlicet omnia ea accide-
bant tum cum "Te Agita et Volve!" erat "furor", multis annis antequam tu es natus!

40   Dum spectatores ad furorem se excitant, Horatius ibi stabat,
manens dum commotio paulum resideret. Sed Freddus vero non
arbitrabatur spectaculum porci qui in scaena tantum staret nihilque
faceret esse dignum "pretio admissionis!" Videlicet Freddus commode non meminit se sine pretio in theatrum admissum esse!
45 Semper ei qui non pensaverunt sunt censores durissimi!

Dum circum terram iter facit, noster elephantus manifeste *Circenses alicubi viserat, nam nunc surrexit et clamavit: *"Immitte scurras! Immitte ceteros scurras!"

Et *ei credas, statim iuvenis qui prope sedebat ipse surrexit et e theatro excurrit, ipse clamans: "Immitte scurras! Immitte scurras! 5 Illud est id! Illud est omnino id! Mea fortuna fit!" Et quidem eius fortuna vero fiebat, ut bene scis. Sed titulus illius cantus noti popularisque Freddo numquam attribuebatur. *Multa rosa heu! ad erubescendum invisa nascitur! Videlicet est multo difficilius ut elephantus invisus erubescat, sed aliquando accidit, quod multi homines ele- 10 phantos *"pinceos" vident et *bona de causa!

Tandem plausus spectatorum paulum subsedit. Deinde symphonia modulari coepit illum cantum veterem, per tam multos annos tam multis gratissimum: *"Ego volo me quassare posse similiter ac mea soror Katherina!" Et cum Horatius vehementer saltare et 15 *"illam rem quassare" coepisset, statim totum theatrum erupit! Et cum ille *"stultus saltans", nullo tempore intermisso, se iniecisset in suum secundum cantum: *"Id Quassa Et Id Frange Et Id In Muro Suspende!", deinde viri fortes lacrimabant, feminae animo linquebantur, infantes vagiebant! Interim noster Freddus, dubius *animi, 20 ibi tantum sedebat, nam vero non omnino intellexit quid in theatro gereretur.

Tandem illa saltatio vehemens est perfecta. Deinde Horatius, ipse suis laboribus strenuis paene confectus, multis inclinationibus sui corporis maximum plausum recognovit. Et cum plausus tantus 25 esset, Horatius quoque *illam additiciam inclinationem corporis est furatus! Sed illud est negotium spectaculi!

Interim omnes spectatores, sua laetitia paene amentes, ad suos pedes saluerant et plaudebant plaudebantque, simul clamitantes: "Euge! Euge! Macte! Macte! Horati, tu es optimus! Tu es 30 maximus! Salta id iterum! In perpetuum salta id! O Horati, tu vero es nostra gloria maxima, maximum decus Cincinnatorum!" Et a scaena Horatius *basia mille, deinde centum, mille altera, dein secunda centum iaciebat et clamitabat: *"Quam dulce est! Quam dulce est! Vos estis spectatores optimi in toto mundo lato!" 35

Primum Freddus vero stupebat, nam numquam in sua vita quicquam simile huic viderat aut audiverat! Deinde, omnibus circum se clamitantibus plaudentibusque, ipse nunc maxime excitatus, Freddus particeps tumultūs esse constituit et, usus suo naso longo, totum theatrum maximo bucino celeriter laeteque complebat! 40

Bucino maximo laetoque Freddi audito, Horatius ipse primum stupebat, nam numquam antea in sua vita quicquam simile huic viderat aut audiverat! Vero tempus brevissimum Horatius et conductor symphoniae arbitrabantur in suo theatro coram adesse

9

illum peritissimum omnium bucinatorum, *Ludovicum Validi Bracchi!

Itaque symphonia, ut illi peritissimo omnium bucinatorum placeat, statim modulari coepit: *"Ego ero laetus cum mortuus es, tu
5 sceleste tu!" Sed ubi ille bucinator non statim respondit modulando: *"Ubi est tempus dormiendi in Meridiana Regione Americae!", Horatius statim intellexit se habere *molestiam in Urbe Fluminea, statim comprehendit hunc bucinatorem vero non esse Ludovicum Validi Bracchi, peritissimum omnium bucinatorum! Hic *"feles"
10 musicam legere non poterat! Nam cum ceteri musici suis instrumentis Freddi bucinis *adspirare temptabant, celeriter cognoverunt Freddum nihil artis scientiaeque musicae scire!

Freddus cum musicis incerte adspirare posset, manifeste "rhythmum" habebat. Itaque Horatius, ut "diem servaret", Fred-
15 dum invitavit ut in scaenam secum inveniret. Deinde Freddus, cum paulo timidus propter multitudinem spectatorum esset, tamen reliquit quattuor suos sedes et pedes suos quattuor ad scaenam advertit. Ibi Horatius eum benigne accepit.

"Ave, elephante grandis!" inquit Horatius, *dextrae dextram
20 adiungens. "Tu inflas *'turpem' bucinam!" (Horatius, cum civis urbis grandis esset, videlicet erat *"coxendix", ut ei qui "cum eo" sunt saepe dicunt.) "Dic mihi, mi amice," Horatius continuabat, "putavistine *de negotio spectaculi ineundo?"

Freddus erubuit et dum digito pedis circulum in solo scaenae
25 describit, respondit: "Ego sum tantus rusticus ut etiam nesciverim negotium spectaculi existere! Sed nunc cum viderim quid negotium spectaculi sit, nunc *cum olfecerim pigmentum unctum clamoremque turbae audiverim, ego sum et paratus et avidus esse in scaena! Paratus et avidus sum esse pars, pars maxima, negoti specta-
30 culi! Dic mihi, quid mihi est faciendum ut id quam celerrime efficiam?"

*"Noli te vexare! Tantum necesse est ut in meis manibus te ponas," respondit Horatius. "Sed nunc *erit melius si tu a scaena discesseris, nam *video indigenas hac nocte esse turbulentos inci-
35 pere!" Et verum erat. Iam parva caterva spectatorum coeperat cantare illum cantum veterem: *"Da mihi pedem porci ampullamque zythi!" Eodem tempore suis pedibus magnis planisque solum theatri gravissime pulsabant! In omni turba semper est parva caterva turbulentaque quae contra omnia, etiam Horatium, sit.
40 Vero est modus mundi! Manifeste haec caterva parva turbulentaque indigenarum secum zythum suum tulerat, multum zythi, sed vero illum "pedem porci" ab Horatio ipso eripere velle videbantur!

Sed Horatius non erat vexatus! Horatius erat "sedatus, tranquillus et 'collectus'!" Nam noster porcus erat "manus vetus" cum *res "e manu fiebant!" Itaque Horatius, magna praesentia mentis corporisque usus, iussit symphoniam cantum velocem modulari, dum simul in suam saltationem optimam gratissimamque toto cum corde animoque se inicit. *Puncto temporis ille porcus saltans omnes spectatores laetos "e palma suae manus vescentes" habebat. 5 Et ille erat *modus qui erat usque ad finem spectaculi!

NOTES

Page 7
qui nesciat: Relative Clause of Description (Characteristic)
viam principalem: "Main Street"
accidit ut...inveniret: Substantive Clause of Result again!
quid...fecisset: Indirect Question, depending upon **animadvertit**
cum...compleret, tamen: **Cum**-Concessive Clause This type of **cum**-clause can frequently be identified by the **tamen** in the main clause.
iratus...amens: "angry" mad ... "crazy" mad
quis...possit: Rhetorical Question
cum...persisteret: **Cum**-Circumstantial Clause. These "When" clauses with the subjunctive state the circumstance that resulted in the action or situation described by the main clause.
sustulit: Why not memorize right now the wonderfully irregular principal parts of **tollo?**
per aera...volantem: Echoes the popular song: *The Daring Young Man on the Flying Trapeze.*
unco magno: In the days of vaudeville, especially on Amateur Night, performers who proved less than satisfactory were pulled off the stage by a large hook extended from the wings. Only pride was injured.

Page 8
holera putrida: Rotten vegetables were once potent evidence of audience dissatisfaction.
barbam longam: "whiskers"
ut...delaberetur: Adverbial Result again!
iacebat: from **iacere,** "to lie"
solum: "floor"
visu: Ablative of the Supine, regularly used with adjectives
domum detulerit: "To bring down the house," in theatrical idiom, is to score a huge success. Here, it is used literally!
cum...posset: **Cum**-Causal Clause
eum...eum, etc.: Anaphora again!
multo peior: "Much worse" The adverb: **multo** is, in origin, an Ablative of Measure of Difference
ultimo tempore ipso: "at the very last moment"
ut...possis: Adverbial Result
ini: Imperative, second person singular, of **inire**
Hoc tempore ipso: "At this very moment"
clamaturus erat: Active Periphrastic again!
aliquid incepturus fuit: "he was about to start something"
nulli porco: Dative with **similis**

11

Page 8

Caudae: "Tails, " i.e. formal clothes, an ensemble of top hat, white tie and tails.

Te quassa...volve: "Shake, Rattle and Roll!" A lot of this was done, under the guise of dancing, in the good old "American Graffiti" days!

Te agita circum horologium: "Rock Around the Clock!" An energetic song of the 1950's.

Page 9

Circenses: i.e. **Circenses ludi:** "Circus Games," "Circus" The Latin word for "circus": **circus, -i,** m., in the accusative case looks much too much like the preposition/adverb: **circum.**

Immitte scurras: "Send in the Clowns" Wasn't it lucky that Stephen Sondheim was in that very theater at that very moment, seeking inspiration for *A Little Night Music*?

ei credas: "Would you believe it?" The Potential Subjunctive with the impersonal second person singular

multa rosa...nascitur: Echoes the flower in Thomas Gray's *Elegy in a Country Churchyard* that wastes its sweetness on the desert air.

elephantos pinceos: In folk lore, the over-inebriated are often privileged to view pink elephants.

bona de causa: "for good reason" An idiom

Ego volo...Katherina: "I Wish I Could Shimmy Like My Sister Kate" A New Orleans traditional jazz favorite

illam rem quassare: "to shake that thing" Among other things, to dance with excessive vigor

stultus saltans: "Dancing Fool" A compliment

Id Quassa...Suspende: "Shake and Break It and Hang It on the Wall!" Another New Orleans jazz favorite

animi: "in mind" Locative case

illam additiciam inclinationem corporis: "that extra bow" In the song: "There's No Business Like Show Business," from *Annie Get Your Gun,* stealing that "extra bow" is not frowned upon.

basia mille...centum: In Catullus V, the poet and his love Lesbia deliberately involve themselves in this extended exchange.

Quam dulce est!: The familiar cry of that great comedian, Jackie Gleason, in the old Miami Beach days

Page 10

Ludovicum Validi Bracchi: "Louis Armstrong" The greatest jazz trumpeter of them all. The genitive is Descriptive!

Ego ero....sceleste tu: "I'll Be Glad When You're Dead, You Rascal You" Another New Orleans favorite, long associated with Louis Armstrong

Ubi est ....Americae: "When It's Sleepy Time Down South" Louis Armstrong's identifying theme song.

molestiam in Urbe Fluminea: "trouble in River City" Echoes the song "Pool," from Merideth Wilson's *Music Man.*

feles: A "cat" is a musician who is with it all the way.

adspirare: "to accompany"

12

Page 10

dextrae (manui) dextram (manum) adiungere: "to shake hands"

turpem: "mean" A jazz term meaning really great

coxendix: "hip" Another jazz term meaning really with it

de negotio spectaculi ineundo: "about going into show business"

cum olfecerim ....audiverim: For reasons best known to himself, Anthony Newley entitled his musical play: *The Roar of the Grease Paint, the Smell of the Crowd.* I have introduced a corrective note of logic.

Noli te vexare: "Not to worry!" A popular phrasing in Britain

erit....si....discesseris: Future More Vivid Condition

video indigenas....turbulentos: "I see that the natives are restless tonight" A cliché line from jungle films of the 1930's

Da mihi....zythi: A favorite song of the greatest of all the blues singers, Bessie Smith

Page 11

res e manu fiebant: "things were getting out of hand"

Puncto temporis: "in a moment"

modus qui erat: "the way that it was"

CAPUT IV.   *Freddus Saltare Discere Temptat.*

*Est longum hic describere *Herculeos labores Horati fidi, cum temptabat efficere ut noster Freddus saltare disceret. Quidem veritatem *spectemus — si *docere est laboriosum, deinde discere est laboriossimum! Sed videlicet pueritia vero est tempus *patiendo-
5 rum omnium cruciatuum mentis corporisque sine *querendo, sine quaerendo: "Qua re, O qua re?" Sed *si Plato rectus est omnesque nos omnia scimus cum nascimur, qua re, O qua re semper est tam difficile illam innatam scientiam producere cum eā maxime opus est? Manifeste aut Plato non est rectus aut dei "id rursus flaverunt!"
10   Forsitan erit satis dicere Horatium celerrime cognovisse *docere Freddum artem saltationis non futurum esse facile! Nam in tollentibus suis pedibus magnis *in numerum cum musica, Freddus quidem erat *"tardus discens"! Sed Horatius cum bene sciret Fred- dum aliquid habere, etiam cum esset difficile accurate invenire quid
15 illud aliquid esset, tamen paulo diutius suos labores ad Freddum saltationem docendam continuare constituit. Sed tandem Horatius quoque sensit artificem saltationis multo meliorem quam se esse reperiendum — sed ille artifex manifeste tum Cincinnatis non habitabat.
20   Itaque cum *neque quisquam Cincinnatis Freddum *docere quo modo *saltaret vellet aut posset, Cincinnatos tandem relique- runt Horatius, noster porcus saltans, et Freddus, noster infelix elephantus quattuor *pedum sinistrorum. Nunc Novum Eboracum profecti sunt ut idoneum artificem saltationis *Freddo ibi reperi-
25 rent. Sed infeliciter hac spe celeriter frustrati sunt! Ut Cincinnatis reppererant, sic quoque *Novi Eboraci reppererunt neminem qui vellet Freddum quo modo saltaret docere temptare. Quidem cum noster duo artificem saltationis visebant, semper ille artifex maxime ridebat et inquiebat: "Hinc discede et tecum educ illum *pachyder-
30 mum grandem! Cui hos dies iugo saltatorum opus est? His diebus 'pantomimum' est 'res magna', vero *'furor'! Sed quis est qui umquam audiverit de ullo elephanto qui 'pantomimum' saltare possit? Noli esse ridiculus! Tu, porce, infans, saltator es, is est grandis et pinguis! Igitur vos duo estis naturā iugum comoedorum,
35 non saltatorum! Sed nunc exite, exite, exite!"
     Itaque nostri duo exierunt, nullo modo laeti de rebus. Sed ubi breve tempus putavit, Horatius constituit ut iugum comoedum "responsum" esse posset, etiam cum accurate nesciret quid inter- rogatum esset. Et multos dies Horatius Freddum comoedum facere
40 magnopere conabatur. Grandem librum iocorum etiam emit et

14

Freddum *optima ex eis docere temptabat. Diu omni die laborabant et laborabant, Horatio semper *"viro recto", nam in omnibus iugis comoedorum sodalis pinguis est sodalis festivus. Et Freddus noster vero erat sodalis pinguis.

*"Qua re pullus viam transit?" Horatius iterum iterumque 5 quaerebat.

Primum Freddus respondebat: "Nescio! Qua re pullus stupidus viam stupidam transit?" Deinde Horatius, Horatius patiens, e grandi libro iocorum responsum rectum ei iterum iterumque dabat. Post multum temporis et multos conatus Freddus tandem respon- 10 dere poterat: "Ut ad latus alterum perveniat!" Sed heu! cum Horatius Freddum alium iocum docere conaretur— Quis est qui audiverit de duobus comoedis cum solo uno ioco? — noster elephantus miser semper responsum *rectum loco alieno ponebat! Exempli gratiā, ubi Horatius, "vir rectus", quaesivit: "Qua re pullus viam transit?" 15 Freddus, diu arbitratus, respondit: *"Ut suas 'bracas longas' sustineat!" Puer, Horatius frustrationem grandem patiebatur! Neque Freddus noster nimis laetus de re tota erat! Brevi *tempore post Horatius tandem sensit in temptando Freddum comoedum facere se suum tempus vero terere — et tempus Freddi quoque! Freddo 20 saltandum erat, aut e negotio spectaculi erat exeundum, antequam iniit!

Cum Horatius tandem Freddum certiorem fecisset eum numquam comoedum fore et ei saltandum esse, noster elephantus paulum offendebatur. Sed noster Horatius suum *"frigisculum" 25 feliciter non amittebat, nam videlicet bene scivit quid noster Freddus pateretur. Nonne diximus discere quicquam esse laborissimum?

Itaque cottidie ad alios artifices saltationis progrediebantur, cottidie iterum artificem idoneum Freddo grandi reperire conabantur. Manifeste Horatius cum illo proverbio vetere non consentiebat: 30 *"Si tuo primo conatu non successeris, rursus conare, deinde tuis conatibus desiste, nam *nihil tibi proderit esse de eo stultum!" Itaque Horatius persistebat, Freddus sequebatur!

NOTES

Page 14

Est longum: "It would be tedious"

Herculeos labores: The famous and strenuous twelve labors of Hercules, the classical Greek Superman

spectemus: "Let us face" Jussive Subjunctive

docere: The infinitive, a verbal noun, can be the subject of a verb.

patiendorum: Gerundive

querendo: Gerund

si Plato rectus est: In *Meno* 81 c-d, Plato sets forth this "doctrine of recollection" and has Socrates demonstrate it.

docere: Subject of **futurum esse**

in numerum cum: "in time with"

tardus discens: "slow learner"

neque quisque = nemo: "no one"

docere: Complementary Infinitive, depending upon **vellet** and **posset**

saltaret: Indirect Question, introduced by **quo modo** and depending upon **docere**

pedum: Descriptive Genitive

Freddo: Dative of Advantage, one hopes!

Novi Eboraci: Locative case

pachydermum: "thick-skinned" A common term for elephants in show business, where "Ponderous Pachyderms" = "Large Elephants"

furor: "the rage," the thing everyone is doing at that time

Page 15

optima: Supply **ioca**

viro recto: "straight man" In a comedy team the "straight man" sets up the jokes for his partner, who gets the laughs.

Qua re....transit: An ancient vaudeville joke that got its laugh not from a "reverse" response but from the logical answer

rectum....alieno: "right....wrong"

Ut suas bracas longas sustineat: The logical answer to an equally old vaudeville joke: "Why does a fireman wear red suspenders?"

tempore: Ablative of Measure of Difference with **post**

frigisculum: "cool" a now somewhat archaic phrase: "to keep one's cool," i.e., not to be unduly upset by anything

Si tuo....conare: the old motto of perseverance

nihil: Adverbial Accusative with **proderit**

CAPUT V.   *Nostri Heroes Novum Eboracum Relinquunt,*
Sanguinei, Sed Invicti!

Obscuremus clementer conatus doloresque nostrorum duorum heroum, eorum multas peregrinationes secundum *ambulationes Novi Eboraci, Regione Orientali, Regione Occidentali, ubique
circum oppidum, dum pueroli cantant: "Facite circulum circum
Rosulam, Pons Londini collabitur!" Sed nusquam heu! etiam in 5
*"Vetere Via Lata", *ubi idem est numerus lucernarum et cordium
fractorum, idoneum artificem saltationis Freddo nostro reperie-
bant. Sed erantne nostri pueri *"corde demisso"? *"Bene", forsitan
paulum! Sed porro et sursum pro vestra arte, corda fortia!
Sed necessario tandem etiam Horatius omnem spem artificis 10
saltationis idonei Freddo Novi Eboraci reperiendi deposuit. Itaque
uno die splendido noster porcus saltans elephantusque etiam insaltans *"Malum Magnum" reliquerunt et suas facies ad Californiam
verterunt. Nam Horatius, qui circum fuerat et erat, ut supra diximus, "coxendix", bene sciebat in California quicquam reperiri 15
posse, etiam artificem saltationis idoneum elephanto quattuor
pedum sinistrorum! Tantum sit necesse ut *patiantur suos digitos
per "Paginas Flavas" ambulare invenireque nomen: "Artifex Saltationis Idoneus Elephantis!" sequens nomen: "Artifex Saltationis
Idoneus Draconibus!" Vero Californiae bonae veterique nihil deest! 20
Itaque dum chorus cantantium leniter strepit, *fidibus sociantibus, *"California, Huc Venio!" et "Euax Pro *Sancta Silva!",
nostri heroes magnam *machinam volantem Novi Eboraci ascende-
runt. Deinde per aera maxima cum facilitate vehebantur, et non
multis horis post in California *terram ceperunt. Vero iter multo 25
longius eis *visum esset, nisi Freddus, propter timorem volandi,
multos "martinos" siccissimos bibisset! Videlicet celeriter obdor-
mivit et stertebat par nasum longum et per totum volatum et per
totam noctem! Et te confirmare possum ceteros vectores maxime
cruciatos esse magnis rhoncis Freddi, sed videlicet nihil dicebant 30
faciebantque — propter manifestas causas! Nam etiam cum ceteri
vectores quoque biberent "martinos", multos "martinos", tamen
Freddum grandem disturbare non ausi sunt. Bene sciebant nostrum
Freddum esse nullum "pinceum" elephantum, nullum "commentum" eorum imaginationis! Non, mi bone vir aut femina, aut puer 35
aut quicquid, noster Freddus erat *"res ipsa" — et maxima "res
ipsa!"

Page 17

ambulationes Novi Eboraci. . . . collabitur: Echoes the familiar words of the song, "Sidewalks of New York"

Vetere Via Lata: "Old Broadway" Long the Main Street of Entertainment in New York City

ubi idem. . . . fractorum: According to doleful tradition, there is a broken heart for every light on Broadway, which, over the years, adds up to a lot of broken hearts.

corde demisso: "downhearted" Descriptive Ablative

Bene: "Well!" The Romans lack this usage, which they certainly would have employed to our advantage.

Malum Magnum: A phrase recently concocted to identify New York City

patiantur suos digitos. . . . ambulare: The oft-repeated admonition to take advantage of those distinctively-colored pages at the rear of the telephone directory

fidibus sociantibus: "with accompanying strings" Ablative Absolute

California, Huc. . . . Sancta Silva: Two popular "California" songs

Sancta Silva: "Holy wood," i.e., "Hollywood"

machinam volantem: "flying machine," i.e. "aeroplane"

terram ceperunt: "touched down" *Cf.* Virgil *Aen.* I, 395-6.

visum esset, nisi. . . . bibisset: Past Contrary to Fact Condition

res ipsa: "the real thing"

CAPUT VI.   *Freddus Et Horatius Sanctae Silvae Et Quod Ibi Eis Accidebat.*

Ubi tandem in Californiam pervenerunt, Freddus et Horatius, nunc suis laboribus strenuis inutilibusque Novi Eboraci et itinere longo ad Californiam fatigati sunt — *ut praetermittam nimis multos "martinos" Freddi! Itaque ferias breves agere sapienter constituerunt ut suos animos viresque (Non viros, *stupide, non 5 viros!) revocarent. Igitur magnum hospitium in litore ipso Oceani locatum delegerunt et statim *eo ierunt. Post bonum somnum noctis totius, mane magnum hospitium reliquerunt ut in litore ambularent spectarentque *mare caeruleum simile vino. Hīc color Oceani Pacifici erat simillimus colori Maris Aegaei Homeri!   10

Dum in litore ambulant fruunturque sole aurisque lenibus, subito unda grandis altaque usque ad eorum pedes fluxit eosque madefecit!

Deinde Horatius, cum saltator peritus et agilis pedibus esset, ex unda altiore facile effugere poterat. Contra Freddus, cum esset 15 omnino imperitus maris modorumque arcanorum, pedes suos nimis tarde rettulit. Itaque plurimum salis in omnem fissuram rimamque suorum pedum magnorum tardorumque intrabat! Qua re Freddus cruciatu incredibili statim afficiebatur. Et statim — vero erat spectaculum novum et inusitatum — Freddus grandis, nunc magno 20 dolore affectus, ex *aqua marina vehementer exsiluit! Et statim suos quattuor pedes qui magno dolore affecti erant in omnes partes simul iactare coepit! Quidem erat mirabile visu! Et feliciter multi alii homines in illo eodem litore eodem tempore ambulabant et Freddum salientem viderunt. Hi homines quoque mane evenerant ut 25 *"solem aeraque caperent."

Et ei credas? Rara concursatione simul paulo longius secundum illud idem litus pater, nescio qua re, quoque *"filium heredemque capiebat!" Rursus rursusque in mare suum "filium heredemque" iactabat! Ille fortis puer parvulus, autem, verus vir 30 parvus, rursus rursusque renatabat! Puer, quid in California videre non possis?

Interim redeamus ad illam partem litoris ubi Freddus suos quattuor pedes magno dolore affectos in omnes partes iactabat, *omnibus qui eum spectabant admirantibus et plaudentibus. Brevis- 35 simo tempore ingens multitudo spectatorum undique convenerant. Quod arbitrati sunt nostrum elephantum vero professione esse *saltatorem, Freddum salientem laete cohortabantur ut altius altiusque saliret, nam omnes putabant Freddum vero saltare!

Omnes plaudebant et clamitabant: "Salta, elephante grandis, salta! Manifeste *hodie mane *tibi est magna cupiditas saltandi, nobis est magna cupiditas spectandi tui! Itaque salta, elephante grandis, salta, dum tibi *pupam quae in suo tibiali foramen habet
5 reperire temptamus! Deinde vos luce lunae saltare poteritis!"

Deinde maxima cum laetitia omnes spectatores, manus universi complodentes, una voce magna cantare coeperunt: *"Manus Complodite, Huc Venit Carolus!" Illo primo cantu confecto, universi cantabant: *"Tui Pedes Sunt Nimis Grandes!" Quidem erat
10 mirabile auditu et visu!

Et forte omnis illa musica laeta, mirabile dictu, audiebatur *symphoniā "iter faciente" Novā Aureliā, quae forte in propinquo hospitio illo tempore ipso praemodulabatur. Ubi illam laetam musicam audiverunt, omnes musici symphoniae "iter facientis" illius
15 Novā Aureliā sua instrumenta sustulerunt et statim *ad ludum communicandum excurrerunt! Cum primum quid gereretur viderunt, coeperunt modulari illum mirum cantum Novae Aureliae: *"Secundus Ordo!"

Tota turba quae Freddum salientem spectabat, ubi audivit
20 cantum: "Secundus Ordo", statim ipsa "Secundum Ordinem" fecit, et statim *secundum litus profecta est. Al fronte erat Freddus, saliens similiter ac *duodecem domini, deinde musici Novā Aureliā, canentes, et tandem turba ingens, agmine facto, nunc verus "Secundus Ordo!" Nam omnes cantabant, saltabant, rotabantque suas
25 umbellas! *Conservate vestram Confoederatam pecuniam, pueri, Meridiana Pars Americae rursus orietur!

Dum omnia haec geruntur, Horatius, cum vero nesciret quid gereretur, videlicet de Freddo erat anxius et quid ei accideret. Igitur sapienter constituit sequi "Secundum Ordinem" eripereque suum
30 sodalem veterem e periculo, si opus esset.

Et certe hīc est dicendum Freddum apud tumultum clamoremque quidem saltare esse visum! Nam rursus rursusque illa magna turba iocosa Freddum musicosque omnes in aquam marinam propellebat! Qua de causa pedes Freddi propter salem magno cruciatu
35 affici continuabant.

NOTES

Page 19

ut praetermittam: "not to mention" Adverbial Clause of Purpose

stupide: "idiot" Vocative Case Neither you nor I, of course, but one of those who persist in mistaking **vires,** f. for **viri,** m. Kindly do not make this mistake the first time.

eo: "to that place," "there" Terminal adverb

mare caeruleum simile vino: "the wine-dark sea" Homer's familiar phrase

aqua marina: "salt water"

solem aeraque caperent: "to take the sun and air"

filium heredemque capiebat: "he was taking the son and heir" A pun

omnibus....plaudentibus: Ablative Absolute

saltatorem....salientem: *Nota bene* the difference between **saltare:** "to dance" and **salire:** "to leap." This is a confusion not unknown today.

Page 20

hodie mane: "this morning"

tibi: Dative of Possession

pupam quae....habet: In the popular song, "Buffalo Gals," the hero is obsessed with a determination to dance with a dolly with a hole in her stocking and to do that dancing by the light of the moon!

Manus Complodite....Carolus: A popular song

Tui Pedes...Grandes: A song performed best by the superb Fats Waller

symphonia iter faciente: "marching band" In New Orleans such marching bands as the Olympia, Tuxedo, Black Eagle and many others played for all kinds of functions, including funerals.

ad ludum communicandum: "to join the fun" Gerundive of Purpose

Secundus Ordo: "Second Line" A New Orleans favorite, dedicated to those who followed the band in the street, dancing, singing and twirling their umbrellas

secundum: "along" Preposition

duodecem domini: In the Christmas song, "Twelve Days of Christmas," the gift for the twelfth day was twelve lords a-leaping.

Conservate vestram....orietur: A common, if wistful, admonition south of the Mason-Dixon Line

CAPUT VII.   *Freddus Vocatur, Freddus Deligitur.*

Et forte accidit ut dives mercator, cui erat nomen *Iohannes
D. et qui Sanctae Silvae habitabat collocaveratque multum pecuniae in picturis moventibus, illo tempore ipso secundum illud idem
litus *praeterveheretur longo lautoque carro automobili, nomine
5 *Cadillacte! Aeque forte accidit ut hic dives mercator diu petivisset
aliquid novum, aliquid diversum ad suas picturas moventes. Vero
petebat aliquid quod *homines humiles ab eorum televisionibus
eliceret reduceretque rursus eos in Mirabilem Mundum Picturarum
Moventium!
10   Et cum primum ille dives mercator, vero praemercator, quo-
rum Sanctae Silvae sunt permulti, Freddum nostrum salientem
vidit, statim sensit se *"Iacobi ollam percussisse!" Nam ille praemercator erat vir callidus, bene peritus modorum arcanorum Sanctae
Silvae et negoti spectaculi. Itaque Iohannes D. suo aurigae inquit:
15 "Siste meum longum lautumque carrum automobilem, nomine
Cadillactem! Ille elephantus mihi est habendus! Vero mihi erit
*aurifoedina!"
    Et noster dives praemercator suum longum lautumque car-
rum automobilem, nomine Cadillactem, reliquit et cucurrit ut
20 Freddo salienti appropinquantique occurreret.
    *"Sistite musicam! Sistite musicam!" dives praemercator
clamabat, dum currit, dum sua bracchia iactat. *"Ave, elephante
grandis, ego qui te ad pactionem diuturnam subscripturus sum, te
saluto! Mihi est nomen Iohannes D. et Sanctae Silvae habito collo-
25 cavique multum pecuniae in picturis moventibus! Et tu, elephante
grandis, mihi es habendus! Ubi est curator huius elephanti magnifici
et ingeniosi? Ubi est is?" Et Iohannes D. constitit et ibi stetit.
    O stultum, stultum praemercatorem! Putasne vero totum
mundum et "Secundum Ordinem" propter te pecuniamque tuam
30 esse constiturum? Nullo modo, praemercator dives, nullo modo! Et
infeliciter hac occasione Iohannes D. ante "Secundum Ordinem"
directe stabat!
    Cum videlicet neque Freddus saliens neque musici Novā
Aureliā neque ille perlongus "Secundus Ordo" propter Iohannem
35 D. constitissent, omnino erat necesse ut Iohannes D. ad suam vitam
curreret! Nam nunc illa symphonia "iter faciens" Novā Aureliā
modulabatur: *"Nonne Is Errabat?" Et neque quisquam est qui
consistere moderarique suos pedes possit cum symphonia ipsa Novā
Aureliā illum cantum celerem modulatur! Si mihi non credis, ali-
40 quando tempta! Ille bonus vetusque cantus "iter faciens" effecit

22

plures pedes celeres quam desolatum sepulcretum media nocte!

Itaque noster dives praemercator in modum anatis fugiebat, nam vero erat pinguissimus. *Ut omnes homines qui in California habitant, ille praemercator ambulare non solebat, quod ei erat ille longus lautusque carrus automobilis, nomine Cadillac. Itaque laetā 5 turbā Iohannes D. vero protritus esset, nisi locum cavatum in arena in quem se praeceps deiceret illo puncto temporis repperisset! Sic Iohannes D. servabatur! Nam agmen laetum in geminas partes se scindit et praeteriit illum locum cavatum in arena et quoque illum praemercatorem! Paulo post, dum Iohannes D. loco cavato in arena 10 etiam adest, Horatius ipse, qui, memineris, "Secundum Ordinem" a tergo erat secutus, nunc pervenit. Cum quid gereretur animadvertisset, in illum eundum locum cavatum in arena se dimisit, Iohannem D. magno cum studio salutavit, et inquit: "Ave, praemercator Sanctā Silvā! Intellego te petere *curatorem illius elephanti magni- 15 fici ingeniosique qui hoc tempore ipso 'Secundum Ordinem' tam splendide ducit. Petendo desiste! *Coram, quem petis, adsum, Horatius, eius curator notus!"

"Sed tu es porcus!" Iohannes D. acerbe inquit, nam erat calidus et humidus. "Non ego soleo cum porcis de quoquam agere!" 20

"Non necesse est ut maledicta de meo populo dicas," Horatius tranquille inquit. "Praeterea his diebus non est semper facile porcos ab hominibus distinguere!"

"Omittamus *'Animalium Ager' ex ea disputatione!" inquit Iohannes D. "Reitero — numquam cum porco de elephanto ago! 25 Ego ipse acturus sum cum illo elephanto magnifico ingeniosoque ipso, si eum aliquando consequi potero!"

Et cum Iohannes D. nunc e loco cavato in arena paulum se sustulisset, deinde Freddum nostrum appropinquantem *cursu conspicatus est. Illo loco cavato in arena statim relicto, Iohannes D. 30 cucurrit ut Freddo appropinquanti occurreret. Sed Horatius, cum omnino confideret Iohannem D. sine se Freddum subscribere numquam posse, prope locum cavatum in arena manebat. *"Exspecto meum tempus," leniter cantabat, "quod illud est genus porci qui sum!" Simul spectabat undas venientes et euntes, euntes et 35 venientes, dum vero magis quam paulum nausearet!

NOTES

Page 22

Freddus....Deligitur: Echoes "Many are called, but few are chosen."
  Matthew XXII, 14

Iohannes D: "John D." John D. Rockefeller was the founder of a large
  family fortune, and "John D." has become a synonym for a very
  wealthy man. *Cf.* Croesus and J. Paul Getty

praeterveheretur: "was riding"

Cadillacte: "Cadillac," a prestigious American automobile

homines humiles: "the little people" A condescending phrase regularly employed by those who are convinced they are not one of them

Iacobi ollam percutire: "to hit the jackpot" i.e., to win it all

aurifoedina: "gold mine" i.e., anything that pays really big dividends

Sistite musicam: A favorite injunction of the great comedian, Jimmy Durante

Ave, grande elephante....saluto: Echoes the standard greeting of the
  gladiators: **"Ave, Caesar, morituri te salutamus!"**

Nonne Is Errabat: "Didn't He Ramble!" An old favorite of the New Orleans marching bands, regularly played at a fast tempo on the return
  from the cemetery

Page 23

Ut omnes....habitant: Californians are not dedicated pedestrians.

curatorem: "agent"

Coram, quem petis, adsum: Virgil *Aen.* I, 595

Animalium Ager: George Orwell's well-known parable of pigs and people

cursu: "at a run"

Exspecto meum tempus....sum: "I'm bidin' my time/ 'Cause that's the
  kind of pig I'm" Echoes the popular song from George and Ira Gersh-
  win's *Girl Crazy*

24

CAPUT VIII. *Infandum! Iohannes D. Freddum Ab Horatio Scindit!*

"Mi puer! Mi puer!" Freddo inquit praemercator, dextrae dextram adiungens. *"Tu vero es responsum ad preces cuiusdam virginis! Et preces plurimarum matronarum quoque! Neque viri puerique te oderint! Quidem tu bene *sis is qui viros a pueris separes! Nam tu es capite humerisque melior ceteris! Tu es grandis! 5 Et tu es *'conspectus ad oculos dolore affectos!' Vero tu saltas similiter ac somnium!"

"Vidistine ullo tempore somnium ambulans?" Horatius cantavit, vero *vocans similiter ac feles. "Certo, feci! Sed somnium saltans? Numquam, nusquam, nullo tempore, nullo modo!" 10

"Neglege illum porcum! Is est *'molestiam-faciens'!" Iohannes D. inquit. "Meum officium tecum solo est. Quam dives ego sim, tu plane videre potes! Et ego facturus sum te aeque divitem, et celerrime!" Et statim pactionem unā cum stilo extraxit et inquit: *"Subscribe nomen in linea punctuosa!" 15

Manifeste Iohannes D. erat *"manus vetus" in suo officio conficiendo et in nanciscendo quid vellet brevissimo tempore. Et Freddus, qui non optime arbitrabatur, a diviti praemercatore et suis imaginibus Sanctae Silvae *ad punctum temporis oppressus est. Itaque, stilo rapto, suum *"Iohannem Henricum" subscripturus erat 20 ubi ultimo tempore ipso Horati meminit!

Deinde, di immortales, *qui horror eum profudit! Quo modo in nomine Caeli posset fuisse tam caecus, tam immanis, tam stultus, ut Horati, sui amici, sui sodalis, sui "Mentoris" oblivisci posset? *O Freddum inhumanum! O Freddum crudelem! Sed videlicet in hoc 25 "Canis-Vescitur-Cane" mundo quidem est facillimum cuiusquam oblivisci et heu! Freddus noster erat nulla exceptio!

Itaque statim Iohanni D. Freddus inquit: "Quid de Horatio?"

Et statim Freddo Iohannes D. inquit: "Quid est quidam 'Horatio'?" 30

"Quid est quidam 'Horatius'?" Freddus respondit, stupefactus. "Sed putabam omnes ubique noscere Horatium, notum porcum saltantem Cincinnatis, illum lumen grande negoti spectaculi!"

"Ego ullum 'Horatium' non nosco!" Iohannes D. inquit. "Et ego nosco omnes qui in negotio spectaculi sunt qui noscendo digni 35 sint!"

"Meus Horatius est quidem dignissimus noscendo!" Freddus robuste inquit. "Ille est meus Horatius ibi!" Et noster elephantus suo pede magno Iohanni D. nostrum porcum monstravit. "Et unā mecum tibi meus sodalis vetus est subscribendus!" 40

Horatius ubi vidit eos se spectare, suam manum iactavit fecitque ironice parvam inclinationem sui corporis. Horatius etiam confidebat Freddum se numquam esse relicturum.

"Si ille porcus ibi est vero tuus 'Horatius', ego eum subscri-
5 bam, *in oculo porci!" Iohannes D. inquit. "Cui opus est alio porco Sancta Silvae? Quidem Sancta Silva est porcosa, si scis quid ego dicam, quidam ex quibus etiam quattuor pedibus ambulant! Sed contra, elephanti! Illa est alia fabula! Sanctae Silvae elephantis caremus! Sanctae Silvae hoc tempore est magna paucitas elephanto-
10 rum, in primis elephantorum saltantium! Ne teramus ullum plus temporis! Hic subscribe!" Et in manu Freddi stilum posuit.

O Freddum miserum! O Freddum miserabilem! Quid tibi erat faciendum? O Freddum, tam simplicem elephantum, tam rusticum elephantum! Et quod Freddus erat omnino imperitissimus
15 modorum mundi et in primis negoti spectaculi, nescivit se nunc esse participem tragoediae vulgaris Sanctae Silvae! Vero ea est fabula vetus, tristis fabula quae saepissime antea est narrata! In moventibus picturis quoque haec fabula saepe est narrata. Duo sodales, iugum quod antea ab indomitis equis aut feminis indomitioribus
20 scindi non poterat, nunc *scinduntur cum solo uno e iugo opus est novo spectaculo! Igitur uni sacrificium supremum est faciendum! Alteri — lumen nascitur! Alteri — lumen obscuratur! Huic moventi picturae semper opus est *tribus sudariis, aliquando etiam pluribus! Quidem sine dubio est semper tutius habere magnam Kleenicis
25 arcam proximam manui!

Manifeste hoc erat tempus magni "traumatis" dolorisque et Freddo et Horatio, et quoque mihi et tibi, *Lenis Lector! Sed vultu simulemus laetitiam, premamus dolorem altum in corde! Nam quicquid accidit, *spectaculum est continuandum!
30 Sic noster Freddus erat vero *in cornibus dilemmae! Suum sodalem veterem deserere? Numquam, sua sponte! Sed Freddo haec quidem erat aurea opportunitas! Et quo tempore tam aurea opportunitas ad eum rursus veniat? Nomen subscribere aut non subscri-
bere? Illud erat quidem interrogatum!

NOTES

Page 25

Tu vero es. . . . virginis: Once a common slang expression for a lover

sis: "you may be" Potential Subjunctive

Quidem tu. . . . separes: An old saying applied to anyone or anything that does exactly that!

conspectus ad oculos. . . . affectos: "a sight for sore eyes" A curious expression describing a most welcome sight

vocans similiter ac felis: "cat-calling" A sound like the cry of a cat, made to express disapproval or derision

molestiam-faciens: "trouble-maker"

Subscribe nomen. . . . punctuosa: "Sign on the dotted line" A common expression urging approval of a proposal, including a formal contract

manus vetus: "old hand" i.e., a practiced performer

ad punctum temporis: "for a moment"

Iohannem Henricum: "John Henry" A slang expression for one's signature, whatever the actual name

qui horror. . . . profudit: "what horror poured over him" i.e., "How scared he was!" Cicero *Ad Attic.* 8.6.3

O Freddum inhumanum: Exclamatory Accusative!

Canis-Vescitur-Cane: A common expression meaning: "Every man (and Dog) for himself!"

Page 26

in oculo porci: "in a pig's eye" A rather vulgar expression emphasizing absolutely no intention of complying with a request

scinduntur: Plural with the subject **sodales**

tribus sudariis: The old tear-jerker movies were unofficially rated by the number of handkerchiefs soaked by the end of the film

Lenis Lector: A favorite device signalling an editorial comment by the author, usually a 19th century novelist

spectaculum est continuandum: "The show must go on!" About this fundamental law of show business, few have had the temerity to ask: "Why?"

in cornibus dilemmae: "on the horns of a dilemma" i.e., to be faced with two possible courses of action, neither clearly the more advantageous

27

CAPUT IX.   *Horatius Sacrificium Supremum Facit, Freddus Id Accipit!*

Et illo tempore ipso *erat comprehendendum Horatio nostro quid gereretur, nam dum Freddus, multum *animi cruciatus, dubitat, noster porcus nobilis cursu ad eos venit. Fortiter ingenti singulto suppresso, inquit: "Subscribe tuum nomen, Fredde! Tibi est
5 subscribendum! Quidem haec est tua aurea opportunitas, tuus primus gradus grandis in *scalā ascendendā quae ad famam et fortunam ducit! *Per aspera, ad astra — et lumina! Noli te vexare! Tibi de me non est putandum! De te arbitrare, de opibus, de plausu clamoreque turbae.... Sunt omnia ibi, et plura! Ibi te exspectant, ibi in
10 summa scala! Noli de me te cruciare! *Geram illam veterem subuculam capillis textam! Mihi consulere possum! Etiam meum ingens ingenium habeo! Etiam cantare et saltare possum! Specta!" Et postquam ad unum genu se submisit, Horatius maxime miserabiliter cantabat: "Matercula! Matercula! Dulcissimum verbum
15 omnium verborum quae scio!"

Videlicet tu et ego bene scimus Horatium, in cantando cantu tam miserabili, temptare efficere ut Iohannes D., nostri porci ingenio superatus, unā cum nostro elephanto nostrum porcum nobilem subscriberet. O quam callidi sunt porci, in primis ei porci qui in
20 negotio spectaculi diu fuerunt!.

Sed infeliciter hic porcus hoc tempore satis callidus non erat. Illo cantu tam miserabili confecto, erat breve silentium. Et Freddus et Horatius Iohannem D. magna cum spe spectabant. Sed heu! noster dives praemercator cantu tam miserabili Horati nostri nullo
25 modo movebatur. Sic rursus heu! Qua re, O qua re corda tam multorum praemercatorum sunt tam dura et frigida?

Freddus, autem, omnibus quae gerebantur permotus, nunc flumen lacrimarum profudit. Suum sodalem veterem complectebatur et iterum iterumque cantabat: *"Quo Modo Te Relinquere
30 Potero? Quo modo a te discedere potero?"

"Est perfacile factu!" Iohannes D. inquit, hoc conspectu lugubri interrupto. Saepissime antea eum viderat. "Hīc subscribe, Fredde grandis, et hinc abeamus Sanctam Silvam, ubi habito collocavique multum pecuniae in picturis moventibus!"
35 "Ego subscribere nomen non possum, non possum, non possum!" Freddus inquit, et quidem est dicendum Freddum nostrum suam *partem "ad capulum" agere. Vero *"mandit scaenae apparatus", ut ei qui in theatro sunt saepe dicunt. Quidem tam multum Freddus noster furebat ut tandem Horatius voce minima
40 diceret: *"Nonne pernam adurentem alicubi olfacio?"

Feliciter neque Freddus neque Iohannes D. quid Horatius de perna adurente dixisset audiverunt, et Freddus in fervida declamatione non est interruptus.

28

"Non, non ego non subscribam! *Non, non, mille 'non'!
Malim mori potius quam acquiescere! Heu! *Estne ea quam ante me
video sica? *Vale, dulcis fili regis! Agmina volantia angelorum
cantent te ad tuam quietem! *Hīc finditur cor nobile! Sed si ego hanc
pactionem diuturnam subscripsero, hīc cor fractum aderit! Heu! 5
Heu! Me miserum! Quid faciam?"
"Subscribe!" simul Horatius et Iohannes D. inquiunt.

Itaque, magna cum difficultate singultis suis suppressis, sed
simul bene sciens *"in utrocumque suum panem butyro lini", tandem invitus Freddus stilum sustulit et illam pactionem diuturnam 10
subscripsit. Quo facto, fecit se et Iohannem D. laetos; Horatium
miserum, maxime miserum.

Videlicet, ut tu bene scis, nisi Freddus illam pactionem diuturnam subscripsisset, nullam fabulam haberemus! Aut certe nostra
fabula sit longe diversa! 15

Et nunc, non audens respicere quod vero verebatur *ut si
respexisset, suum sodalem veterem relinquere posset, Freddus, unā
cum Iohanne D. et pactione sua diuturna, ad longum lautumque
carrum automobilem, nomine Cadillactem, et laetus et miser, pro-
peravit. Quo facto, reliquit Horatium miserum in litore stantem, 20
*similem tunicae veteri quae est pannosa et scissa, relictum in illo
litore lato ad lacrimandum et lugendem, proditum ab elephanto
annorum tenerorum! Sed illa est Sancta Silva tibi!

Celeriter ille longus lautusque carrus automobilis, nomine
Cadillac, ex Horati miseri conspectu evolabat. Et ibi erat noster 25
porcus, similis *illi noto caseo, solus stans. Et ut iniuriae contumeliam addat, illo puncto temporis maxima unda ex alto venit et
Horatium infelicem umbilico *tenus madefecit! Manifeste et vero
hic non fuerat Horati dies!

Itaque nunc Cincinnatos nostro porco redeundum est, dum 30
eius discipulus, eius 'tardus discens", multo minus peritus, multo
minus ingeniosus, multo minus dignus famā et fortunā, nunc habet
suum pedem magnum planumque in primo gradu scalae quae duc-
tura erat nostrum elephantum ad famam et fortunam! O qua re est
mundus tam durus, tam iniquus? Quidem illud est bonum interroga- 35
tum et plurimum volo me tibi bonum responsum habere.

Itaque Freddus Sanctam Silvam contendebat, ut in *Oppido
Bracteo suam famam et fortunam peteret. Et erat Horatius, miser
relictusque, suo corde in minimas partes fracto. Nunc ei solum
unum relictum est. Nunc ei Cincinnatos revertendum est et ibi 40
fragmenta eius vitae tollenda sunt. Videlicet Freddus noster nostro
*Horatio etiam erat magnae curae — Vera amicitia numquam
moritur, sed aliquando, ut hac occasione, ibi tantum iacet. Nam
Horatius ex sua experientia bene sciebat esse in mundo picturarum
moventium esse multos homines malos qui nihil boni Freddo facturi 45
essent!

Nunc breve tempus a nobis Horatio "Ave atque Vale!" est dicendum. Sed noli vereri! Ut ille *notus imperator quondam ad Insulas Philippenses revertit, sic ad nostrum porcum, bene merentem, revertemur cum res id postulant.

5   *Postscriptum:* Si tu es dubius quid "Secundo Ordini" acciderit, ego quoque sum!

NOTES

Page 28

erat comprehendendum Horatio: "Horace must have understood"

animi: Locative Case

scala: The old grammarians tell us that **scala** is not used in the singular! So much for Old Grammarians!

Per aspera, ad astra: Motto of the State of Kansas

lumina: "movie stars"

Geram illam....textam: "I'll wear that old hair shirt!" Harking back to the days of martyrs and self-mortification, this expression means that "I" will suffer cheerfully whatever is demanded of me.

Quo modo....potero: "How Can I Leave Thee?" A sentimental ballad from Germany, popular in the 19th century

partem ad capulam agere: "to act the role to the hilt" i.e., to overact outrageously

mandit scaenae apparatus: "he was chewing up the scenery" i.e., he was overacting with a vengeance! **Mandit** is the vivid Historical Present. Just a reminder!

Nonne pernam....olfacio: "Don't I smell ham burning?" Overactors are said to be "hams," and when they are overacting with a vengeance, the odor of burning ham is said to permeate the immediate atmosphere.

Page 29

Non, non, mille non: "No, no, a thousand times no!" Echoes a favorite song of the Victorian Era, describing the stout resistance of a Victorian maiden to quite different pressures and under quite different circumstances.

Estne ea....sica: *Macbeth,* Act II, Sc. 1

Hic finditur cor nobile: *Hamlet,* Act V, Sc. 2

in utrocumque....lini: "which side his bread was buttered on" i.e., which course would benefit him more. **lini:** Present Passive Infinitive

verebatur ut....posset: After verbs of fearing, **ut** introduces a negative clause.

similem tunicae....tenerorum: Echoes more of the words of "The Man on the Flying Trapeze"

illi noto caseo....stans: At the end of the familiar children's song, the cheese stands alone!

tenus: a Postpositive Preposition, one that follows the word it governs!

Oppido Bracteo: "Tinsel Town" An old label for older Hollywood, on the ground that all the glitter is on the surface

Horatio....curae: the famous Double Dative **Horatio** is Dative of Reference, **curae** is a Dative of Purpose

Page 30

notus imperator: General Douglas MacArthur, who left the Philippine Islands in 1942, promising: "I shall return!" And return he did in 1944.

CAPUT X.   *Freddus Est In Moventibus Picturis, Horatius, Non.*

Cum primum Freddus et Iohannes D. Sanctam Silvam pervenerunt, statim adierunt ad officinam ad moventes picturas fabricandas — hodie haec officina ad moventes picturas fabricandas
appellatur: "studio, studionis, f." Ibi Freddus celeriter *"temptabatur", et certe *non vitiosus reperiebatur! Manifeste Freddus nos- 5
ter erat paratus ad moventes picturas, sed erantne moventes picturae
vero paratae Freddo nostro? Videbimus! Videbimus!
    Cum noster praemercator, Iohannes D., primum vidisset
Freddum saltantem, ut putabat (tu memineris Freddum vero salire,
non saltare, propter salem in fissuris pedum magnorum), videlicet 10
putes *eum in moventem picturam musicam Freddum statim esse
positurum. Manifeste multum de Sancta Silva modisque arcanis
eius non cognovisti!
    Itaque praefectus studionis — hodie appellatur "caput studi-
onis" — constituit Freddum lumen facere in epica movente pictura 15
de Occidentalibus regionibus Americae! *Sanctae Silvae haec ratio
appellatur irrefutabilia logica! Tu de eo arbitrare! *Freddus noster,
Solitarius Erro, Equus Igneus Celeritate Lucis, Nubes Pulveris et
Fervidus Clamor: "Eho, Argente!" *Vero mens titubat!
    Cum notus director qui Freddi moventi picturae praeerat 20
magnitudinem sui luminis novi vidisset, in suo corde vero non
arbitratus est Freddum partem primam satis bene agere posse. Igitur
climacem picturae primum facere sapienter constituit. Nam director
noster scivit si Freddus climacem satis bene facere posset, manifeste
eum reliquam picturam bene satis facere posse. 25
    Igitur uno mane Freddus se repperit in *Caupona Ultimae
Opportunitatis, suis cothurnis sub mensa positis, ut bibebat a vitro
*sarsaparillam. Tu ridere desiste! Memento in primis picturis Occi-
dentalibus non licuisse heroi validos spiritus bibere et quicquam
praeter suum equum basiare! In his primis picturis Occidentalibus 30
hero *petasum album semper gerebat, equo albo vehebatur, et vero
erat *purus similiter ac nix acta!
    In sua magna scaena noster Freddus ibi tranquille sedebat
*agebatque suum negotium, fruens sua sarsaparilla innocua. Subito
per fores cauponae rupit ille pessimus hominum malorum, ille mul- 35
tum metuendus dux exlegum improbissimorum in illis regionibus!
Ab omnibus ille exlex appellatus est "Squalidus Haroldus", ab
multis "Sclopetum Celerrimum in Occidenti!" Videlicet ubi noster
Freddus ad Occidentem picturarum moventium venit, erat fabula
diversa! Et ut tu facile divinare potes, in hac pictura Occidentali 40

31

Squalidus Haroldus et Freddus Purus erant inimici ad finem amarum, propter omnes causas solitas et manifestas.

Sic Squalidus Haroldus in Cauponam Ultimae Opportunitatis irrupit clamavitque simul: "Fredde Grandis, tuum tempus venit!"
5 Statim Freddus Grandis surrexit et suis duabus manibus suis duobus sclopetis appropinquabat! Sed subito sensit Squalidum Haroldum *se "opertum" habere! Statim, quod hanc scaenam iterum iterumque praemeditati erant, Freddus intellexit quid sibi esset faciendum et id fecit.

10 "Spectate eum qui hīc adest, pueri!" Freddus tranquille inquit ceteris armentariis qui in caupona tum erant, *"id sursum ululantes!" "Spectate, pueri! Si non est Squalidus Haroldus, famosus homo ignavus et pullus callidus! Videlicet nos omnes scimus quibus *squalidis dolis illud nomen obtinuerit! Emittendo glandes
15 in terga virorum, feminarum et puerorum!"

His verbis dictis, Freddus Grandis summa cum contemptione suum tergum vertit et inquit: "In meum tergum, Squalide Harolde, tuas glandes emitte, tu serpens in herbis! Autne tu me ferire non potes, cum ego tam procul sim? *Movebone meum tergum
20 propius? Quo modo est illud? Emitte tuas glandes, si tu intestina habes!" Puer, in hac scaena erat noster Freddus magnus!

Et Squalidus Haroldus, ne tantam opportunitatem amitteret, *sua sclopeta extracturus erat. Tum omnes armentarii qui in Caupona Ultimae Opportunitatis tum aderant sibila magna sibilare
25 et clamare coeperunt: "Pro pudor, Squalide Harolde, pro pudor! Si tuas glandes in tergum cuiusquam emiseris, quid tua mater cara vetusque dicet?" Simul extendebant unum indicem digitum ad Squalidum Haroldum et fricabant illum extensum indicem digitum altero indici digito!

30 Statim Squalidus Haroldus maxime erubuit! In hac pictura, de aliqua causa non explanatā, malam opinionem eorum armentariorum qui in Caupona tum aderant pati non poterat! Forsitan erat memoria eius matris carae et veteris! Itaque Squalidus Haroldus a suis sclopetis manus suas removit et inquit: "Sic esto, Fredde Gran-
35 dis! *Tu voca 'glandes emissas'! *Esto sic ut tibi placet! Quid nos faciemus? *Hic dies de nostra controversia iudicabit! *Non iam hoc oppidum est satis magnum ut nos ambos continere possit!"

"Ego tecum omnino consentio!" Freddus inquit, ut tarde se vertit. "Hoc die uni e nobis discedendum est ex oppido, forsitan e
40 vita! Sed primum foras eamus! In via glandes emittamus! Nullo modo est necesse ut sine bona causa Cauponam Ultimae Opportunitatis deleamus! Postquam unus e nobis discessit, aut ex oppido aut vita, alter cauponā rursus uti cupiet!"

Statim omnes armentarii plaudebant, nam ei quoque illā
45 caupona rursus rursusque uti cupiebant. Voluptates quae in Occi-

32

denti Vetere exsistebant vero satis paucae sine pernicie solius cauponae tota illa regione erant!

Itaque omnes statim foras adierunt, unā cum eis geraefa,
notus exlex emeritus. Deinde Freddus, Squalido Haroldo ibi relicto,
ipse a vestibulo cauponae circiter decem passus ambulabat. 5
"Geraefa!" Freddus clamavit. "Tu nobis numera! Et cum ad 'tria'
perveneris, nos ambo manus nostras complebimus! Consentisne,
Squalide Harolde?"

Et cum vultu simul atroci et terribili Squalidus Haroldus
nutavit. Deinde, ceteris studiose procul spectantibus, Freddo tran- 10
quillo et intrepido, Squalido Haroldo tento et ad necandum parato,
geraefa, qui quoque notus exlex emeritus erat, numerare coepit:
"Unum, duo . . . ." Et, ei credas, Squalidus Haroldus nunc *"veros
colores" monstravit! *"Tribus" non exspectatis, praeter opinionem
omnium, in primis Freddi nostri, qui omnibus fidebat, Squalidus 15
Haroldus suam manum subito complebat!

"Anhelitus!" omnes armentarii maxime anhelabant. Sed
felicissime glans volans Freddum non feriebat! Aut quis postea
pietati credat, aut iustitiae aut Codici Occidentis Veteris?
". . . .tria!" Et Freddus, Codici fidus, se vertit et unum glandem 20
emisit.

Brevissimum tempus Squalidus Haroldus vulneratus esse
non videbatur!

"Anhelitus!" omnes armentarii rursus maxime anhelabant.

*Sed deinde noster malus exlex, manifeste nunc "Secundum 25
Celerrimum Sclopetum in Occidenti," suo corde suis manibus tecto,
circum totam aream aliquoties titubabat. Sed tandem in pulverem
collapsus est, tandem *"pulverem mordebat!" Quicquam suae artis
gratia! Et Squalidi Haroldi verba novissima erant haec: *"Hoc
habui!" Et quidem hoc habuerat! Tandem Squalidus Haroldus e 30
vita discesserat et, Codici fidus, *mortuus est dum suos cothurnos
gerit!

Statim animi omnium armentariorum qui certamen tam
avide spectaverant ad maximam laetitiam excitati sunt! Diutissime
Squalidus Haroldus et eius cohors homicidarum collorumque secto- 35
rum illam totam regionem longe lateque perterruerant. Nunc *bona
de causa omnes gaudebant quod ille exlex malus tandem *"situlam
calcitraverat", feliciter *dum suos cothurnos gerit!

Deinde omnes actores qui in illa scaena aderant Freddo
Grandi de victoria gloriosa gratulabantur. Eum ad humeros suos 40
*sustulissent, nisi noster elephantus tam gravis fuisset! Nunc Fred-
dus, postquam ab ore sclopeti fumum leniter flavit, inquit: "Vale,
Squalide Harolde! Quidem ego doleo fuisse necesse ut ego te neca-
rem, sed sic moriuntur omnes qui sunt inimici Freddo intrepido!"

*"Caede!" notus director laetissime clamavit. *"Id imprime!" 45

Deinde, dextrae dextram adiungens, Freddo inquit: "Ego tibi de magno opere maxime gratulor! Hodie lumen natum est! Sine dubio haec erit pictura maxima!" Et omnes maxime plaudebant, sed videlicet Sanctae Silvae omnes directores de omnibus suis picturis
5 semper sic dicunt, et saepe errant.

Quidem erat initium auspicatissimum, sed heu! Illa pictura, maxima aut non maxima, non erat fatalis ad complendum cum Freddo Grandi! Nam omnes, in suo studio maximo, unius rei maximae omnino obliti erant! Potesne divinare quae illa una res maxima
10 fuerit? Non? Deinde tibi parvam significationem dabo? Quo omnis armentarius vehitur? Invenistine id? Omnis armentarius vehitur equo, videlicet! Sed qui equus nostrum Freddum vehere poterat? Nullus equus, videlicet! Et, sine equo, quo modo noster Freddus *"ad angustias eos praecidere" possit? Et *quo modo potest fieri ut
15 fiat pictura Occidentalis in qua nemo "ad angustias praeciditur?" Sed Freddo erat nullus equus satis grandis, igitur erat nulla pictura Occidentalis!

NOTES

Page 31

temptabatur: "was tested" i.e., he was given a screen test to determine his fitness for films.

non vitiosus reperiebatur: "he was not found wanting" *Book of Daniel* V, 27

eum: John D.

Sanctae Silvae: Locative Case

Freddus noster....Argente: Who does not know the famous formulaic description of the Lone Ranger, star of radio, movies and TV?

Vero mens titubat: "The mind boggles!"

Caupona Ultimae Opportunitatis: "Last Chance Saloon" A name favored for the last saloon before the arid wilderness

sarsaparilla: An early soft drink, with which not too many things went better

petasum album....equo albo: In the early Westerns, the hero was immediately recognizable by his white hat and his white horse

agebat....suum negotium: "he was minding his own business" A strongly-recommended procedure in the Old West

Page 32

se opertum habere: "had him covered" i.e. Dirty Harold had drawn his pistols before Fred could draw his

id sursum ululantes: "whooping it up" A common practice among saloon habitues

squalidis dolis: "dirty tricks" A familiar phrase of the 1970's

Movebone: Movebo + -ne

sua sclopeta extracturus erat: A strange development; Dirty Harold must have unconsciously holstered his pistols during Fred's taunting speech.

NOTES

Page 32

Tu voca....emissas: "You call the shots" i.e., you make the decisions about the show-down

Esto: "Let it be" Third person singular imperative of **esse**

Hic dies....iudicabit: Caesar *B.G.* V, 44

Non iam....possit: "This town ain't big enough for the two of us!" The favorite pre-sundown ultimatum of the Western movies

Page 33

veros colores monstravit: "he showed his true colors" i.e., he revealed his true character

Tribus non exspectatis: Ablative Absolute

Sed deinde....aliquoties titubabat: typical death scene in the Westerns was exceeded in length and histrionics only by the typical death scene in Grand Opera.

pulverem mordebat: "he bit the dust" A routine dying procedure from Ancient Greece to the Old West

hoc habui: "I've had it!" Here a self-expressed euphemism for "I'm dead!" echoing the cry of the Roman mob as a gladiator was about to get his: "**Hoc habet!**"

mortuus est....gerit: "he died with his boots on" The shared ambition by the strong men of the Old West, who considered dying in bed — i.e., without their boots on — proof of failure in their chosen way of life

bona de causa: "for good reason"

situlam calcitraverat: "he had kicked the bucket" Another, and somewhat curious, euphemism for dying

dum suos cothurnos gerit: As a result, he did not bruise his tender toes. Cowboy boots have very sharp toes.

sustulissent...nisi fuisset: Past Contrary-To-Fact Condition

Caede: "Cut!" The director's order to stop shooting the scene

Id Imprime: "Print It!" The director's statement of satisfaction with the scene as shot

Page 34

ad angustias eos praecidere: "to cut 'em off at the pass" A favorite title in silent Westerns, triggering the obligatory chase scene

quo modo potest fieri: "How is it possible?"

CAPUT XI. *Nunc Freddus Fit Saxosus, Princeps Furciferorum!*

Caput studionis, cum in pictura Occidentali Freddum Grandem lumen facere non posset, cum suis *"hominibus affirmativis" breviter est collocutus. Deinde suis satellitibus imperavit ut Freddum in picturam de furciferis, de scelere in urbe grandi, statim
5 ponerent. Et eius satellites eius *imperatum fecerunt, nam quis est qui potenti capiti studionis quicquam negare audeat?

In sua nova pictura de scelere urbano Freddus primam partem principis furciferorum, cui erat nomen *Saxosus, acturus erat. Caput studionis *contra exemplum ei partem audacter distribuebat!
10 Nam in hac pictura Saxosus erat malus, omnino malus! Non etiam erat benignus suae matri veteri! Potestne ullus homo esse peior?

In sua scaena magna, Saxosus, reliqua cohorte iam interfecta, in aedificium magnum vacuumque confugerat. Ibi, *suo fato cesso, cum omnibus generibus armorum ad glandes emittendas
15 Saxosus adventum praesentem custodum publicae securitatis tranquille exspectabat. Custodes cum pervenissent, illo aedificio statim deserto circumvento, ad proelium futurum se parabant. Bene sciebant Saxosum sancte iuravisse custodes publicae securitatis se vivum numquam capturos. Saxosus noster cogitavit mori gerens
20 suos cothurnos. Nunc ubi nos illa verba pugnantia antea audivimus?

Brevi tempore omnes custodes circum aedificium vacuum erant constituti. *Deinde princeps custodum, cui erat nomen Patricius O'rion, cornu magno rapto, clamabat: "Eveni, Saxose! Eveni! Ego te circumventum habeo! Scio te ibi inesse! Ego *murem mag-
25 num squalidumque qui mille passus abest olfacere possum! Tuis armis deiectis, eveni, manibus tuis super tuum caput sublatis! Tibi est neque ulla spes neque prex! Tibi dabo quinque sexagesimas partes horae! Deinde intro venient et te capient!"

His verbis principis custodum auditis, intus Saxosus reclam-
30 abat: "Intro venite et me capite, *'aera'! Intro venite, *aqua est iucunda! Temptate et me capite! Non vereor mori! *'Mors Ante Ignominiam!' est id quod mea mater vetus in suis bracchiis acu compunctum habuit, *vetus saccus! Nisi ea mihi illam stultam sententiam tradidisset, nunc inhoneste me dedere possem! Sed non!
35 'Mors Ante Ignominiam!' 'Mors Ante Ignominiam!' Illud *a suis bracchiis mihi semper legebat! Et semper querebatur, semper querebatur! 'Cur tu non exis et aliquid furaris?' 'Putasne pecuniam in arboribus crescere?' *'Tu exi et mihi aliquid pecuniae obtine!' Semper ea querebatur! Itaque tandem ei cessi et inde exii et celeriter
40 repperi praemia e scelere esse maxima et facillima! Brevi tempore

eram princeps furciferorum et mea mater est causa omnium! Tibi, tu
vetus saccus, gratias ago! Tu fecisti me id quod hodie sum! Sed illud
est satis illius!”

*“Viri sancti laudentur!” omnes custodes universi clama-
bant, nam plurimi custodum, similiter ac suus princeps, genere 5
Hibernici erant. “Nos multo plus pati possemus!”

*“Di vos perdant!” Saxosus irate inquit. “Avete, ‘area’, ego
moriturus vos saluto! Tu quoque, princeps, infans. Nunc eas
capite!”

Postquam haec verba contumeliosa dixit, Saxosus glandes 10
*modo grandinis creberrimas emisit. Statim complures e custodibus
“pulverem momorderunt!” Statim ceteri custodes, caede suorum
sociorum maxime irati, multo plures glandes undique remittebant,
sed Saxoso, bene protecto, eorum glandes non nocebant.

“Me non feriebatis!” Saxosus laete clamavit. “Nunc meas 15
glandes accipite!” Et plures glandes remittebat.

“Emittendo vestras glandes desistite, pueri!” princeps custodum suis viris imperavit. “Ille squalidus mus magnus vapore noxio
qui lacrimas efficit effumigandus est! Saxose! Eveni! Tibi dabo
unam ultimam opportunitatem ad te conservandum! Sed tibi statim 20
est eveniendum! Saxose! Audisne me? Nisi statim eveneris, ego utar
vapore noxio qui lacrimas efficit!”

“Tu utere eo vapore noxio qui lacrimas efficit, princeps,
infans! Vide sitne mihi curae! Hoc habeo! Qua re intus tu iacis eum
vaporem noxium qui lacrimas efficit, et simul extra tu diffundis eum 25
vaporem qui risum efficit! *Deinde vos extra ridebitis, ego inter
lacrimabo! Vah! Mene, princeps, audis?”

“Te audio,” princeps respondit. “Et id quod mihi dicis est
omnino ridiculum! *Extra ridens, lacrimans intus, quidem! Vah!
Me specta! Ego creavi chiasmum!” 30

“Et volo ut ego chasma in tuo grandi pinguique capite creare
possim!” Saxosus clamabat.

“ ‘Chiasmum’, non ‘chasma’, tu stulte!” princeps inquit.
“Cognovistine quicquam? Quod collegium frequentabas, Harvar-
dum?” 35

*“In tuo capite, princeps, infans, habes chasma latum, si
putas me ex hoc aedificio esse venturum! Bene scio te in animo
habere tuis glandibus facere in me chasma, forsitan chiasmum
quoque! *‘X’ maculam notat — in meo corpore!”

“Risu magno dignum, id est!” princeps inquit. 40

“Me scis, sodalis! *Semper eos ridentes relinquo cum dico
‘Valete’!” Saxosus statim respondit.

“Et hoc tempore *tu ipse eris is qui ridens morieris,” princeps
acerbe inquit, nam bene scivit Saxosum vivum comprehendi non
cogitare. Itaque suis princeps inquit: “Est inutile, pueri! Vestras 45

glandes conservate! Numquam Saxosus eveniet! Est nimis stultus! Inicite vaporem noxium qui lacrimas efficit!" Et custodes universi vaporem noxium qui lacrimas efficit abundanter libenterque iniciebant.

5   Primo nihil intus accidere videbatur. Sed brevi tempore Saxosus, tussiens strangulansque, in ianua aedifici deserti apparebat. Sclopetum magnum in utraque manu vibrans, in omnes partes glandes simul emittebat.

        "Universi vestra sponte glandes emittite!" princeps statim
10 rudivit. Statim universa sclopeta omnium custodum quoque rudebant. Tam multis glandibus simul Saxosus ictus est ut statim gravior compluribus libris fieret! (Non liber, libri, m., tu stulte, libra, librae, f.! Videlicet Saxosus libris volantibus non feriebantur!) Nunc Saxosus huc et illuc titubabat, manifeste "dans sua omnia ad suam
15 histrioniam!" Sed tandem in via collabebatur, fatalis numquam ad rursus surgendum! Et si forte vis scire quae fuerint eius novissima verba, erant haec: "Sanctum Jovem, *potestne esse finis Saxosi?"

        Sed erat finis eius — et finis illius picturae quoque! Sed hic non erat finis Freddi nostri Sanctae Silvae! Nam illa pictura parva,
20 vero *"B-pictura", erat tam bona et tam bene ubique accepta et tantum pecuniae studioni emerebat ut brevi tempore Freddus *"suam tesseram" Sanctae Silvae scribere posset! Et nunc homines humiles plures pluresque picturas in quibus Freddus erat lumen vehementer postulabant. Itaque *"potentes-qui-sunt" multis cum
25 dubitationibus tandem Freddum in picturam musicam ponere consentiebant. Sed videlicet memineris Freddum nostrum in area musicae antea nullo modo egregium fuisse! Contra, Freddus tota calamitas fuerat! Sed feliciter et tempora et homines se mutant!

NOTES

Page 36

hominibus affirmativis: "yes-men" i.e., underlings whose major function was to agree with their boss in everything he said or did

imperatum: "order" A noun

Saxosus: "Rocky" A nickname favored for any gangster boss in any gangster film of the 1930's. Before the recent "Rocky," the nickname reflected uncompromising hardness.

contra exemplum. . . . distribuebat: "(he) cast him against type" i.e., he cast a lovable hero-type as villain. The public usually would not stand for such role-reversals.

suo fato cesso: "yielding to his fate" A bold Ablative Absolute!

Deinde princeps custodum. . . . te capient: The opening phase of the typical climax scene in any gangster film of the '30's. The hero, as villain, was allowed to die heroically, but, by the Code of the movies, he had to die. Crime could not be depicted as paying, lest it corrupt the customers!

murem magnum: "rat" A pejorative term, even among criminals themselves

aera: "coppers" i.e., policemen. A pun

aqua est iucunda: "the water's fine" An invitation to join in a pleasurable pursuit

Mors Ante Ignominiam: A favorite sentiment around tattoo parlors

vetus saccus: "old bag" One would not expect even the most heinous of gangsters so to refer to their mothers!

a suis bracchiis: "from her arms" Ablative of Source

Tu exi. . . . obtine: Echoes the blues song: "Why Don't You Do Right?"

Viri Sancti laudentur: "The Saints Be Praised!" By tradition, all movie policemen are Irish! Optative Subjunctive

Di vos perdant: Optative Subjunctive. The favored form of the Roman "damning" oath

modo grandinis: "like hail" A common simile for bullets innumerable

Deinde vos extra. . . . inter lacrimabo: "Then you'll be laughing on the outside, I'll be crying on the inside" Echoes the Pagliacci Laugh-Clown-Laugh Syndrome, which states that all clowns put on a happy face but deep down inside, they are all miserable

extra ridens, lacrimans intus: Chiasmus, a literary device involving a reverse arrangement of "parallel" words: a:b = b:a, i.e. **extra** and **intus** are the "a" words, **ridens** and **lacrimans** the "b" words. Common in poetry and speeches, Chiasmus serves to vary the order of words.

In tuo capite. . . . latum: "You have a wide hole in your head" i.e., you have emphatically the wrong idea

X maculam notat: " 'X' marks the spot" i.e., that is where it is

Semper eos. . . 'Valete': "I always leave 'em laughing when I say 'Goodbye!' " Echoes an old vaudeville maxim, set to music by George M. Cohan.

tu ipse eris. . . morieris: "you will be the one who dies laughing" Incorporates the idea suggesting that something is or was unusually funny. Here it is a literal possibility.

potestne esse finis Saxosi: Echoes the famous last words of Edward G. Robinson, playing "Rico" in the film, *Little Caesar*

B-pictura: "B-picture" In the old grind-'em-out days of Hollywood, B-pictures were low-budget pot-boilers. Occasionally, to the astonishment of all involved, a B-picture was both good and profitable.

suam tesseram. . . scribere posset: "he was able to write his own ticket" i.e., he had only to ask and he received.

potentes-qui-sunt: "powers-that-be" i.e., those in charge

CAPUT XII. *Freddus Picturam Musicam Facit — Tandem!*

Feliciter diu Freddus putaverat suam studionem se in picturam musicam aliquando esse posituram. Itaque neque *quoquam sciente (Freddus nomen mutaverat et nemo eum recognovit!!), et *usus suo tempore, diu diligentissimum discipulum unius ex optimis
5 doctoribus Sanctae Silvae fuerat! Et nunc Freddus erat quidem *"discens promptus!" Itaque Freddus noster erat vivens *argumentum semper maxime opus esse doctoribus bonis! Nam nullo modo difficile est demonstrare quemquam, a doctoribus bonis doctum, quicquam discere posse! Et hodie plerique homines toto cum corde
10 suo ei credunt! His hominibus, educatio est interrogatum, educatio est responsum!

Quoque, suo nomine mutato ne quisquam se recognosceret, noster Freddus callidus cantaverat cecineratque fidibus citharae cum compluribus e praeclarissimis *"vacillantibus globis" apud
15 Sanctam Silvam! Inter eos globos erant *"Quinta Declinatio", *"Mortui Grati", *"Sanguis, Sudor Et Lacrimae" — etiam semel *"Scarabei"!

Et tam promptus et diligens discipulus fuerat noster Freddus ut brevi tempore vacillaret cum optimis e vacillantibus globis *qui-
20 bus semper vocabatur. Optime cantabat, fidibus citharae canebat, saliebat circum scaenam, se torquebat, huc et illuc coxendicas iactabat! Noster elephantus erat verus alter *Elvis! Est dicendum Freddum esse summas delicias iuvenum, a senibus non omnino reiectum!

Feliciter noster elephantus potuerat celare omnia quae in
25 mundo musicae faciebat, sed non fuerat facile! Itaque cum Freddus ad suam picturam apparuisset, caput studionis et director picturae musicae de Freddi ingenio musico gravissimis dubitationibus recte afficiebatur. Deinde Freddi "femina ducens", cui erat nomen *Zinziber, quoque ad hanc picturam musicam apparuit, et statim
30 *"adeps erat in igni!" Nam cum primum Zinziber tantum semel Freddum aspexit, capiti studionis et directori picturae musicae inquit: "Vos duo vero estis *e vestris 'gossypium-carpentibus' mentibus! Putatisne vos vero me, picturam ipsam decoris et elegentiae, posse saltare cum illo—illo *'duo milia librarum' carnis? Ego, prin-
35 ceps saltatrix Sanctae Silvae Novique Eboraci et omnium locorum quae interiacent, ut praetermittam omnes naves in mari — ego salto cum illo, illo .... Est nimis multum, multo nimis multum! Voca meum curatorem! Ego meam pactionem cum hac studione in mille fragmenta, milia fragmentorum, fractura sum! Me, saltare cum
40 elephanto? Id ridere est! Numquam, numquam, numquam ....!"

Videlicet omnes qui aderant maxime perturbabantur —

praeter nostrum Freddum! Meministine forsitan illam veterem proscriptionem: *"Ridebant ubi ego ad pianonem consedi! Sed ubi surrexi, plaudebant!" Id est omnino quod accidit nunc! Nam noster Freddus bene scivit quid sibi esset faciendum et id fecit. *"Domine!" Freddus conductori symphoniae tranquille inquit, *retinens suum 5 caput, dum omnes circum eum sua capita amittunt: "Domine! Modulare '*Gena Ad Genam'! " Et symphonia illum cantum pulchrum statim modulabatur. Et omnibus spectantibus, oribus apertis, noster elephantus circum *solum ad saltandum summo cum decore solus labebatur! Simul Zinziber quoque spectabat simulabatque sibi 10 id non esse curae, sed simul pede parva solum ad saltandum leviter pulsabat. Et ubi Freddus pro illa saltatrice pulcherrima et praeclarissima constitit tetenditque sua bracchia, obsecrans, tacite obsecrans, videlicet Zinziber venusta non iam ei resistere poterat. Et brevi tempore omnibus spectantibus erat praemanifestum ut *hoc 15 iugum saltatorum in Caelo factum esset! Et verum fuisse quidem videbatur, etiam verissimum!

Nam cum Freddus et Zinziber suam saltationem venustam confecissent, brevissimum tempus erat totum silentium. Deinde tota scaena erupit! Omnes qui aderant, amplissimi et humillimi, plaude- 20 bant et plaudebant, gaudio stupefacti! Caput studionis et director picturae musicae, suis petasis in aera iactatis, inter se maximo cum gaudio complectabantur! *Eorum dies fiebat, *eorum dies — et eorum laridum — conservabatur! Vero novum lumen et novum saltans iugum illo die erant nata, Freddus et Zinziber! Et nullo 25 tempore omnino hoc *"Duo Saltantes" erat factum praeclarissimum iugum saltans in historia totius mundi lati! Si non ei credis, speculare ad "Duo Saltantes" in televisione *multa nocte!

Tota fabula Freddi et Zinziberis et eorum egregii successus est omnibus nimis nota ad hīc rursus narrandum. Est satis dicere 30 brevi tempore Freddum nostrum, illum *"stultum saltantem", esse unum e notissimis luminibus Sanctae Silvae. Eius omnis pictura erat totus successus. Emerebat tantum pecuniae studioni suae ut ubique Sanctae Silvae Freddus vero esset "leo". Quidem saepe audiebatur rudere: *"Ars Gratiā Artis!" (Videlicet, cum esset non discipulus 35 Linguae Latinae, nescivit esse necesse 'gratia' sequi 'artis'! Sed eum ignoscamus. Male non facit!) "Ars Gratia Artis" Freddi statim fiebat sententia nota studionis praeclarissimae! Tam saepe *Vita Simulat Artem!

Freddus, cum nunc esset *"celebritas", videlicet in omnibus 40 *columnis cottidie proferebatur. Itaque multa dicebat, aliquando nimis multa, alia bona, alia mala, sed omnia proferebantur. Exempli gratia: "E pluribus unum!" et "Cave Canem!" et *"Cogito, ergo sum!" et "Caveat emptor" et alia. Tandem Freddo dabatur maxima honor omnium Sanctae Silvae; *ei licuit imponere signum sui nasi longi in ambulatione pro Theatro Sinensi!

Nunc Freddo nostro erat solus *mundus unus ad vincendum — Mirus Mundus Televisionis! Porro, porro, Fredde nobilis!

Page 40   **NOTES**

quoquam sciente: Ablative Absolute

usus suo tempore: "on his own time"

discens promptus: "quick learner"

argumentum...bonis: The idea of "communication" in **argumentum** allows the indirect statement construction.

  vacillantibus globis: "rock groups" i.e., in the world of music, not geology

Quinta Declinatio: "Fifth Declension" A local Latin combo

Mortui Grati: "Grateful Dead"

Sanguis, Sudor Et Lacrimae: "Blood, Sweat and Tears"

Scarabei: "Beatles"

quibus: Ablative of Means

vocabatur: "he was invited" i.e. to play with them

Elvis: Elvis Presley, the "*Rex*" of the rock stars

Zinziber: "Ginger" One of Fred's best dancing partners

adeps erat in igni: "the fat was in the fire" i.e., the irretrievable commitment had been made

e vestris 'gossypium-carpentibus mentibus': "out of your cotton-picking minds" a slang phrase employing "cotton-picking" as a powerful emphasizer

duo milia librarum: "ton"

Page 41

Ridebant ubi...plaudebant: "they laughed when I sat down at the piano, they applauded when I got up!" A venerable advertisement, very popular in the 1920's, offering evidence of the efficiency of a speed course in learning to play the piano.

Domine: "Maestro"

retinens suum caput...amittunt Echoes the Rudyard Kipling poem, *If*

Gena Ad Genam: "Cheek to Cheek," the Irving Berlin song from the Astaire and Rogers film, *Top Hat*

solum ad saltandum: "dance floor"

hoc iugum saltatorum...factum esset: Traditionally, it is marriages that are made in heaven.

Eorum dies fiebat: "Their day was made" i.e. they were in fact having that good day that we are constantly being enjoined to have.

eorum dies...laridum...conservabatur: "their day — and their bacon— was saved" i.e. they had triumphed over adversity

Duo Saltantes: "Dancing Duo" A phrase commonly used when introducing any dance team

multa nocte: "late at night"

stultum saltantem: "dancing fool" Still a compliment!

Ars Gratia Artis: "Art for the Sake of Art" The motto of the famous Metro-Goldwyn-Mayer Studios, whose film trademark features a growling lion

42

NOTES

Page 41

Vita Simulat Artem: A reversal, with humorous intent, of the maxim "Art
Imitates Life"

celebritas: "celebrity" Found only here with this meaning

columnis: "columns" i.e., the newspaper gossip columns, long a favorite
Hollywood medium of exchange

Cogito, Ergo Sum: "I think, therefore I exist" The confident assertion of
the French philosopher, René Descartes

Page 42

ei licuit . . . Theatro Sinensis: In Hollywood's heyday, top stars were invited to leave the imprint of their hands and feet, and occasionally
other prominent features, in a concrete square in the sidewalk in front
of Grauman's Chinese Theater.

mundus unus ad vincendum: Echoes the complaint of Alexander the Great

CAPUT XIII.

*Freddus Magis Famosus Fit, Postquam In Quodam *Spectaculo Loquendi Una Nocte A Multis Decies Centenis Milibus Hominum Humilium Visus Est!*

Postquam Freddus signum sui longi nasi in ambulatione pro Theatro Sinensi imposuit, tu *arbitrareris eum ad summam famae Sanctae Silvae pervenisse! Et dies bonos antiquosque tu esses rectus! Haec autem est aetas nova, aetas studens delectationi, et Televi-
5 sio est eius propheta! Itaque *in cursu honorum ad actores hoc tempore est unus gradus, gradus giganteus, longe ultra ambulationem pro Theatro Sinensi, gradus giganteus qui ducit ad * "NBC" Studionem! Inde omni nocte propter *Spectaculum Iohannis Carsonis innumerabilia decies centena milia hominum gaudio insomni-
10 aque afficiuntur! Vero *Spectaculum illud Iohannis Carsonis est ultimus gradus in cursu honorum ad actores! Per deos! Spectate omnes illas interiectiones! Illud est negotium spectaculi tibi!

Igitur omnes amici Freddi bene sciebant una nocte se Freddum nostrum sedentem in compluribus sellis in Spectaculo Iohannis
15 Carsonis visuros esse. Nam si in televisione tu videndus es, *qua re non optimum? Et omnium spectaculorum loquendi in televisione plurimi consentiunt longe optimum esse Spectaculum Iohannis Carsonis.

Quis enim est qui nesciat: *"H-i-i-i-i-c-c-c-c est Iohannes!"
20 Aut morem bibendi immodici attributum, forsitan per iocum, Edvardo, illi nuntio vocis argenteae, illi perito suavique *"Secundo Bananae"? Aut vestimenta immoderata Doctoris, domini symphoniae, viri cum bucina aurea? Et videlicet semper sunt hospites, multi hospites, coacti "ab omnibus ambulationibus vitael", *"ab ovo ad
25 mala", ut dicunt, et *"ab iure ad nuces", ut quoque dicunt.

Omnibus est concedendum ut Spectaculum Iohannis Carsonis sit *"Institutum Nationis," maximum gaudium eorum qui dormire non possunt, et quoque causa maxima postero die innumerabilium hominum qui sunt semisomni! Plurimi tamen, nes-
30 cio quo modo, superesse videntur!

Brevi tempore *fiebat ita ut omnes amici Freddi praedixerant. Tandem una nocte venerunt *crepusculum et Stella Vesperis, et unus vocatus clarus ad Freddum! Neque quidem "in caupona" erat ullus luctus ubi Freddus profectus est ut videret — quid in Specta-
35 culo Iohannis Carsonis sibi accessurum esset. Nam ibi, ut bene scis, quicquam accidere potest et persaepe *quidque facit!

Itaque non multis diebus post noster Freddus se repperit in *"cella ad vestiendum" quae erat in illo aedificio magno ubi sunt

44

collocatae "NBC" Studiones et quoque *"NBC Cafeteria" illa, tam saepe ab Iohanne nominata, sine magno amore aut admiratione!

Diu illa nocte Freddus "post scaenam" manebat, dum in scaena Iohannes monologiam loquitur, dum complures hospites "suam rem faciunt!" Sed tandem Freddi "magnum momentum" 5 pervenerat! Brevi tempore, si omnes res bene procederent, Freddus noster *"in tubo" coram adesset, in toto conspectu multorum decies centenorum milium! Vero erat satis terrere minorem spiritum! Et dum Freddus *"monitorem" locatum in sua "cella ad vestiendum" spectat, Iohannes tandem inquit: "Meus proximus hospes hac nocte 10 vero est aliquid peculiare! Vero est aliquid novi, aliquid inauditum in mundo negoti spectaculi! Meus proximus hospes est...."

Sed illo tempore ipso unus ex satellitibus Iohannis pervenit ut duceret Freddum ad illam studionem ubi Spectaculum *"in aere" tum erat. Extra vela multicoloria, omnibus tam nota, Freddus et 15 satelles constiterunt. Inde Freddus poterat audire finem introductionis sui. "Eo tempore benigne *accipietis, amabo, illum lumen novum egregiumque Veli Argentei, illum actorem et saltatorem magnum et grandem, quem hac nocte gaudeo quod is adest in meo Spectaculo, primum ubique in televisione, illum 'stultum saltantem', 20 Freddum elephantum ipsum, coram, hīc in nostra scaena!"

Statim per multicoloria vela venit Freddus, et statim symphonia Doctoris coepit modulari illum cantum veterem gratumque: *"Omnis Parvus Motus Habet Significantionem Totam Suam Propriam!" Quidem illa symphonia nimis vehementem cantum modu- 25 lari non audebat, nam aderant multae feminae, ex quibus multae molliter educatae erant! Et ubi Freddus Grandis suum corpus grande in omnes partes iactare coepit, *una et quaeque pars Freddi Grandis vehementer se movebat! Aliquando igitur conspectus Freddi Grandis non erat omnino in optima elegentia! Sed videlicet 30 Spectaculum Hac Nocte non semper est *"purum similiter ac dens canis Molossi!"

Et nunc, dum symphonia illum cantum tardum moderatur, Freddus breve tempus circum solum studionis labebatur, dum omnes spectatores plaudent. Et Iohannes et Edvardus nunc surrexe- 35 runt et quoque vehementer plaudebant.

Tandem Doctor motu manūs musicam stitit, *sua bucina simul maxime stridente. Deinde Freddus, inclinatione corporis factā, Iohanni et Edvardo ad notam mensam se coniunxit.

"Illud erat magnum, vero magnum!" inquit Iohannes, dex- 40 trae dextram adiungens, dum simul Edvardum Freddo introducit. "Dic mihi, Fredde, quid agis tecum ipso hos dies?"

"Nihil multi!" Freddus respondit. "Plurimum laboro, videlicet. Sed primum *patere me spectare te! Numquam antea ego fui tam propinquus 'Thesauro Nationis!" Dic mihi, licetne te tangere?" 45

"Leniter, leniter!" Iohannes inquit. "Nos 'Thesauri Nationis' lenissime tangendi sumus! Non sunt multi nostrum qui superfuerunt!"

Itaque naso longo Freddus noster humerum Iohannis tetigit
5 lenissime — ut arbitrabatur! Sed per iocum statim Iohannes retro super suam sellam se reiecit! Puer, nota bene illam alliterationem! Est "alliteratio", tu stulte, non 'illiteratio'! 'Illiteratio' est aliquid omnino diversum, aliquid quod infeliciter in nimis multis hominibus et nimis multis locis hos dies reperimus.

10 Freddus, ubi vidit Iohannem post sellam a conspectu omnium volavisse, videlicet perterrebatur. Vero verebatur ne Iohanni nocuisset, "Monumento Nationis" illi, "Thesauro Nationis" illi! Maxime perturbatus, *de suo "errore iudici" rursus rursusque se excusare temptabat. Simul nasum longum circum medium corpus
15 Iohannis posuit eumque a solo post sellam sustulit. Deinde Iohannes, dum in medio aere sic suspenditur, sua bracchia vehementer iactabat et simulabat se natare! Videlicet omnes spectatores ridebant et plaudebant, ut facere solent. Et ubi Freddus noster, erubescens maxime, magna cum cura illum "Thesaurum Nationis"
20 in eius sellam deposuit, omnes spectatores maximo cum gaudio ululabant.

"A te veniam peto, mille venias!" Freddus iterum iterumque inquiebat. "Aliquando sum ignarus mearum virium propriarum!"

"Ego scio nunc tuas vires!" Iohannes inquit. "Sed noli te
25 vexare. Mea culpa quoque!" Simul sua manu ventilabat. "Illud est plus quam satis exercitationis unam diem! Scis, mihi exercitatio est genus *aegrotationis nervicae! Sed satis mei! Nunc de te colloquamur! Quid de monologia cogitavisti?"

"Scio! Scio! 'Cogito, ergo sum!'" Freddus respondit. "Sed de
30 monologia, ut verum dicam, Iohannes, non putavi monologiam esse vero *'pari tenus'!"

O Freddum innocentem! Hoc tempore vero tuum pedem grandem in id posuisti! Sed simus pleni c(h)aritatis! Non fiamus *velut aes sonans aut cymbalum tinniens! Hi sonus tantos dolores in
35 aures ferunt! Nam quo modo Freddus posset scivisse ante adventum Iohannis Carsonis quendam *Iacobum Paarem multos annos Spectaculo Hac Nocte praefuisse? Scivistine illud? Nunc dic verum! Specta! Scivi te nescivisse! Scisne quoque diu Iohannem praefuisse spectaculo appellato *"Quis tu fidis?" Omnes illud spectaculum ama-
40 bant, praeter grammaticos magistros, qui id oderunt, quod "Quis" non erat in *casu requisito! O grammaticos magistros! Quam diu pugnam bonam pugnare continuabitis, *capita sanguinea sed non demissa? Cognovistisne neminem qui sit in televisione scire suum obiectivum casum a suo casu nominativo, aut "dare hootum?" Sed
45 noli te vexare, Lector Lenis! Omnia haec ita pridem acciderunt! Et

46

nihil *praeterita mutare potest! Sic vive et vivere patere, semper dico!

Videlicet omnes spectatores, cum primum "par" audiverunt, maximo cum gaudio gemebant. Ei credas, habemus hic oxymorum! Cognovistine quid sit oxymorum? Pro pudor! Quid omnes hos 5 annos fecisti? Utere tuo thesauro! Ego certe omnia tibi facturus sum!

Postquam breve tempus gemuerunt, spectatores clamitare coeperunt: "Par! Par! Freddus Grandis verbum obscenum dixit! In hoc Spectaculo 'Par' est verbum obscenum! Pro pudor, Fredde Grandis, pro pudor! Oportet tuum os sapone lavari!"   10

"Quid dixi?" Freddus anxie rogavit, nam omnibis risibus perturbatus est. "Quid dixi?"

"Nihil! Nihil omnino!" Iohannes respondit. "Noli te vexare! Quidam ex meis spectatoribus memorias diuturnissimas habent! Tantum est parvum iocum inter me et eos. Eius obliviscere! Spectac- 15 ulum procedat!"

"Ego habeo interrogatum ad Freddum," Edvardus celeriter inquit, ut hoc tempore difficili aliquid auxili ferret. "Meam totam vitam audiebam elephantos numquam oblivisci! Verum aut falsum?"   20

Breve tempus Freddus arbitrabatur. "Alii elephanti obliviscuntur," inquit graviter, "alii non obliviscuntur. Me, infeliciter, dei manifeste non amaverunt, nam mihi dederunt 'totam revocationem'! Neque cuiusquam oblivisci possum!"

"Memento quid *'Groucho' quondam dixerit?" Edvardus 25 rogavit. " 'Numquam faciei obliviscor, sed te exceptionem faciam!' "

"Ille est iocus bonus, iocus optimus!" Freddus inquit, ridens. *"Meminisse eum iocum mihi maxime est temptandum!"

"Ille quoque iocus bonus est!" Edvardus inquit. "Nam si dei tibi vero dederunt 'totam revocationem', quo modo cuiusquam 30 oblivisci potes?"

Et statim omnes spectatores ridebant et plaudebant, nam nunc senserunt Freddum per iocum esse locutum. Solus Freddus scivit se per iocum non esse locutum! Per deos immortales, quae res parvae nostras vitas mutant! Videlicet memineris quanto cum 35 labore Horatius miser, Horatius infelix, Freddum nostrum unum iocum solum docere temptavisset! Frustra, omnino frustra! Quidem *in hominibus humilibus delectandis illud fuerat solum vitium Freddi, *quod iocum narrare non poterat! Non erat comoedus! Cantare, saltare poterat. Iocum narrare non poterat. Estne in hac 40 vita quicquam peius? Verisimile est, verisimile est!

Sed nunc *quod spectatores propter eius parvum iocum ridebant et plaudebant, Freddus subito sensit se posse efficere ut propter eius iocum parvum homines humiles riderent! Vero erat revelatio! Vero erat miraculum!   45

Subito igitur *"moles ad aquam impediendam" erat erupta! Subito illud diuturnum *"impedimentum mentis", cuius causa semper erit incognita, amotum est! Et cum illud "impedimentum mentis" esset amotum, subito noster elephantus meminit omnia ea
5 ioca — non unus, non duo, sed omnia ioca — quae Horatius tam diu laborioseque se docuerat! Nunc quidem tandem Freddus erat liberatus! Nunc parabat, nunc volebat, nunc poterat ioca narrare, narrare ioca *ad nauseam! Puer, quae anaphora, qui chiasmus! Quam felix es!
10 Igitur nunc tandem "impedimento mentis" liberatus, noster Freddus liberatus e manibus Iohannis stupefacti *"habenas rapuit" et microphonam! Statim surrexit! Statim Freddus fiebat *"comoedus erectus"! Subito et improviso ioca Freddi nostri in omnes partes illius studionis, in omnes partes Americae et in omnes naves
15 quae illo tempore in mari erant volabant! Nunc erat vero Spectaculum Loquendi et nunc is qui loquebatur erat Freddus noster!

"Qua re pullus viam transit?" Freddus coepit. Sed ubi spectatores universi maxime gemuerunt, Freddus statim inquit: *"Decima Beatitudo! 'Beati sunt ei qui nihil exspectant, nam numquam fallen-
20 tur!' Vultisne audire meam definitionem poetae?"

"Non! Non!" Iohannes quoque gemuit, sed erat sola *una vox clamans in deserto!

"Poeta est," Freddus clamavit, "is qui dicit multa et sapientia quae ipse nullo modo intellegit!"
25 "O puer!" Iohannes iterum gemuit. "Nunc ab omnibus poetis audiemus!"

"Aliquid ridiculum mihi venienti ad studionem accidit," Freddus continuabat. *"Stabam in angulo viae, spectans omnes homines praetereuntes, ubi pater filiaque parvula eius mihi appro-
30 pinquaverunt. 'Pater!' inquit illa puella parvula, me digito indici parvulo monstrans. 'Quid est illud? 'Tace, deliciae meae!' pater inquit. 'Te audiet! Ille est elephantus!' Et deinde illa dulcis puella parvula inquit: 'Qua re?' Et scitisne, diu me ipsum illud idem interrogatum rogavi! Habuistisne satis?"
35 "Satis! Satis!" Iohannes inquit. "O magis quam satis!" Sed contra spectatores una voce inquiunt: "Plura! Plura!"

*"Nunc vos laborem capite — amabo!" Freddus inquit.

"O puer O puer!" Iohannes iterum gemuit. "Nunc ab hominibus laborantibus audiemus! Puer, audiemus ab hominibus labo-
40 rantibus!"

"Semper," Freddus continuabat, "amicus hominis laborantis fui — et multum malo esse eius amicus quam ipse! *Vah! Vah! Vah!"

"Me quoque!" omnes spectatores universi statim clamaverunt.
45 "Nunc, ut dicebam, laborem capitis," Freddus iterum coepit.

48

*"Meus pater carus vetusque me laborare docuit! Infeliciter me eo frui non docuit! De labore semper ego hoc inquam: "Labor est res maxima in mundo! Igitur magnam partem eius in cras semper conservare debemus! Vultisne audire quid praeterea semper dicam? 'Si quid est dignum faciendo, est dignum aliquo reperiendo *tibi ad 5 id faciendum!"

"Per immortales deos!" Iohannes inquit. "Hic scurra totum librum iocorum hausit! *Morior, Aegypte, morior!"

"Nunc hoc audite!" Freddus laete continuabat. "Audivistisne iocum de *'felino effractore'? Tandem de effringendo desistere coge- 10 batur. Eius tota domus erat plena felium!"

Ubi et spectatores et Iohannes maxime gemerunt, Freddus inclinationem sui corporis ironice fecit et inquit: "Vobis gratias ago! Vobis gratias maximas ago!"

Deinde Freddus inquit: "Vah! Vah! Scitisne fabulam de 15 plagiario qui 'negotium agebat' in via ducente *ab Hierusalem in Hiericho? Ille mirus plagiarius comprehendit tenuitque ad redemp- tionem solos eos *prophetas qui essent brevis staturae! Vobis pla- cebit, scio, cognoscere illum mirum plagiarium tantum sequi consilium sapiens patris veteris:*'Numquam "amittes pecuniam" 20 capiens parvum prophetam!' "

"Per deos! Nunc ab prophetis parvis audiemus!" Iohannes gemuit. "Edvarde! Doctor! Adiuva me! Adiuva me! Aliquid fac!"

Sed noster Freddus triumphans nullo modo perturbatus est neque ullo modo a suis laboribus desistere paratus erat. 25

"Scitisne quid *in principi urbe nostrae nationis hos dies dicant? 'Semper est *'spatium in summo' — post investigationem!' Et dum loquimur de nostra urbe principi, scitis quid dicant: 'Soli iuvenes moriuntur boni!' Idne vobis non placebat? *Ut rem mutem, vultisne audire aliquid triste sed verum? 'Prima dimidia pars nostrae 30 vitae a parentibus nostris perditur, secunda dimidia pars a nostris liberis!' 'Et amicus qui non est in egestate est amicus quidem!' 'Et melius est amavisse....' "

Hoc tempore ipso Iohannes, cum non iam posset ferre id quod gerebatur, Doctori clamavit: "Doctor! Doctor, modulare aliq- 35 uid, modulare quicquam, sed id quam celerrime et quam maxime modulare!"

Et Doctor, sua bucina aurea sublata, quam maxime modula- batur: *"Nos Habituri Sumus Grande Tempus Hac Nocte!" Et Freddus, cum primum audivit illum cantum qui semper significat 40 esse tempus ut actores scaenam relinquerent, statim "exitum suum fecit," dum omnes spectatores ululant et plaudent. Postquam Fred- dus scaenam reliquit, "post scaenam" a multitudine satellitum Iohannis statim comprehensus est et a studio celeriter duris manibus est emotus. Similiter ac *Victoria Regina, inquiunt: "Non nos 45 delectamur!"

49

"Vah!" inquit Freddus. "Quid putatis vos facere? Sistite! Tollite vestras duras manus a me! Non nunc exire possum! Plaudere continuant! Mihi ad scaenam redeundum est! Quo vadimus?"

*"Ad egressum!" princeps satelles severe inquit.

5   "Egressus? Quid est quidam 'egressus'?" Freddus inquit. "Numquam de egressu audivi! Quo modo recognoscam eum ubi eum video?"

"Quo modo de illo, pueri!" princeps satelles inquit. "Grandis Puer, hīc, numquam egressum vidit. Ei unum demonstravemus! 10 Specta, *Pinguis Materia! Videsne illud signum? Ibi, super illam ianuam! 'EGRESSUS'!"

"O puer!" Freddus inquit. "Sanctae Silvae omni die aliquid novi! Estne egressus magnus? Estne ferox? Venite! Ad eum me ducite!"

15   Et fecerunt. Et statim noster Freddus se repperit stantem in angiporto! Erat solus et erat extra aedificium! Sed frangebaturne noster elephantus *animo? Non, non noster Freddus! Nam illa nocte se plurimum fructus erat et quoque aliquid *"momenti maximi" cognoverat! Nunc ioca narrare poterat! Nunc homines humiles ad 20 ridendum movere poterat!

Itaque Sanctam Silvam statim profectus est, laete strepens illud cantum splendidum e *"Cantans in Pluvia!": *"Effice Ut Rideant!" Nam nunc Freddus tandem erat vero *"unius-viri" spectaculum!

25   Nunc vero mundus erat eius ostrea! Nam multi ex hominibus humilibus Freddum actumque eius comoedum in Spectaculo Iohannis Carsonis illa nocte viderant. Et tam multum eo fructi erant ut nunc undique veniret *vocatus a *"gramineis radicibus": "Freddus Grandis statim nobis videndus est!" Et quis est qui vocatui a "grami- 30 neis radicibus" resistere possit? Certe non noster Freddus!

Itaque uno die splendido noster elephantus Sanctā Silvā profectus est ut Medi-Occidentalem Americae viseret. Quidem erat "altum tempus" ut Freddus coram videret et videretur. Cincinnati, huc venit! Horati, sodalis vetus, ubi es?

NOTES

Page 44

Spectaculo Loquendi: "Talk Show"

arbitrareris: "You would have thought" Potential Subjunctive

cursu honorum: In Rome, the progression of offices leading to the consulship; here the progression of honors paid to actors.

NBC studionem: "the National Broadcasting Company Studio"

Spectaculum Iohannis Carsonis: "The Johnny Carson Show"

Spectaculum Illud: When the demonstrative adjective follows the noun, it means: "that famous."

qua re non optimum: "why not the best?" Also the title of a book by President Jimmy Carter .

H-i-i-i-i-c-c-c-c est Iohannes: The familiar extended introduction of the host, Johnny Carson

Secundo Bananae: "Second Banana" Masculine only in this usage. In vaudeville, the performer second only to the top star

ab ovo ad mala: "from egg to apples" i.e., from the beginning of a banquet to the end, i.e., from the beginning to the end of any activity

ab iure ad nuces: "from soup to nuts" i.e., from the beginning to the end of any activity

Institutum Nationis: "a National Institution" Johnny Carson was once designated as one by a Prominent Person.

fiebat ita ut: "it happened just as"

crepusculum et Stella...videret: Echoes Tennyson's "Crossing the Bar". The line, which reads "Moaning of the bar," refers to the sandbar at Solcombe. **"Caupona"** is a pun.

quidque facit: "everything does"

cella ad vestiendum: "dressing room"

NBC Cafeteria: The NBC Commissary, of which Mr. Carson has been known to make sport

in tubo: "on the (TV) tube"

monitorem: i.e., the TV set in the dressing room

in aere: "on the air" i.e., the show was in progress and being transmitted

accipietis: The future tense is often the equivalent of the imperative.

Omnis Parvus...Propriam: "Every Little Movement Has a Meaning of its Own" A song.

una et quaeque: "each and every"

purum similiter ac...Molossi: "clean as a hound's tooth". A less than accurate simile for absolute cleanliness

sua bucina...stridente: Doc Severinsen plays very high notes

patere: Second person singular, imperative of **patior**

de: "for"

aegrotationis nervicae: "nervous disorder"

pari tenus: "up to par" i.e., as good as it normally is

velut aes...tinniens: *I Cor.* XIII, 1

Iacobum Paarem: "Jack Paar" Johnny Carson's predecessor on the *Tonight* Show

Quis Tu Fidis: "Who Do You Trust?" An early TV Quiz Show

casu requisito: "correct case"

capita sanguinea sed non demissa: "heads bloody but unbowed", i.e., the good fight was fought and won, but not without some cost to the winners. Echoes W. E. Henley *Echoes IV In Memoriam R. T. Hamilton Bruce*. Syntactically, the excessively rare Accusative Absolute, suggesting Greek influence

praeterita: "the past"
Groucho: "Groucho", the well-known comedian, Groucho Marx
meminisse: Subject of **est temptandum**

in hominibus. . .delectandis: "in entertaining the little people"
quod: "the fact that"
quod: "because"

moles ad aquam impediendam: "dam" The whole thing is the familiar cry
    during disasters by a dam site: "The dam's busted!"
impedimentum mentis: "mental block"
ad nauseam: "ad nauseam"
habenas rapuit: "seized the reins," i. e., took charge of things
comoedus erectus: "stand-up comedian" i.e. a comedian who works alone,
    usually standing up
Decima Beatitudo: "the Tenth Beatitude" The original nine "Blessed
    are. . ." are found in The Sermon on the Mount, *Matt.* V, 19.
una vox clamans in deserto: Echoes the motto of Dartmouth College: **Vox
    Clamantis In Deserto**
Stabam in angulo. . .praetereuntes: Echoes the popular song from Frank
    Loesser's *Most Happy Fellow*
Nunc vos. . .amabo: Echoes comedian Henny Youngman's: "Take my wife
    —please!"
Vah! Vah! Vah! All-purpose comment of Bill Cosby's Fat Albert

Meus pater. . .frui non docuit: The joke is attributed to A. Lincoln.
tibi: "for you" Depends upon **ad id faciendum**
Morior, Aegypte, morior: Shakespeare, *Antony and Cleopatra* Act IV,
    Sc. 4. Said, reasonably, by Cleopatra, after she clasped the asp
felino effractore: "cat burglar" i.e., a burglar who steals about at night like
    a cat. Fred's burglar actually stole cats.
ab Hierusalem in Hiericho: *Luke X,* 30ff. Our kidnapper may have pro-
    vided occasional business for the Good Samaritan, who plied his
    trade on that same stretch of road.
prophetas qui essent brevis staturae: "Small prophets" **Staturae** is Genitive
    of Description.
numquam amittes. . .prophetam: Fundamental to a successful business
    enterprise: "You'll never go broke taking a small profit!" A pun
in principi urbe nostrae nationis: "Washington"
spatium in summo: "room at the top"
Ut rem mutem: "To change the subject"
Nos Habituri Sumus. . .Hac Nocte: "We're Going To Have a Big Time
    Tonight" A favorite exit song in vaudeville days, often used to clear
    the stage
Victoria Regina: Originally the Queen's reaction to an imitation of her-
    self as viewed by herself: "We are not amused!"

Ad egressum: Unable to clear the crowds from his Museum fast enough, P. T. Barnum put up a sign over a doorway: "This Way to the Egress." The crowds quickly discovered the meaning of "egress." Had they known Latin....

Pinguis Materia: "Fat Stuff" A derogatory term of address

animo: Ablative of Respect

momenti maximi: "of the greatest importance"

Cantans in Pluvia: Probably the best of all Hollywood musicals

Effice Ut Rideant: "Make 'Em Laugh!" A song from *Singing In The Rain*

unius-viri spectaculum: "one-man show" i.e. he could do everything in show business and do it well

vocatus: Noun

gramineis radicibus: "grass roots" i.e. the heartland of America

CAPUT XIV. *Horatius Est Cincinnatis, Freddus Cincinnatos Venit.*

Sic Sanctae Silvae Freddus noster erat quidem is quem Fortuna complexa erat, sed quid de Horatio nostro? Quid interim ei accidebat? Nam ubi nostrum porcum extremum tempus vidimus, manifeste is videbatur a Fortuna omnino esse desertus. Nunc videa-
5 mus quid Horatius Cincinnatis faciat et quid Cincinnati Horatio faciant!

Horatius postquam a California Cincinnatos revertit, diu magno dolore afficiebatur animoque severe frangebatur. Ei videbatur esse causam minimam sperandi aliquo tempore eius res meli-
10 ores esse futuras. Itaque Horatius *"caeruleis" gravissime afficiebatur, et illud est malum, pessimum! Nam cum "caeruleis" afficeris, tu potes neque vesci neque dormire. *Tu vis neque quemquam videre neque cum quoquam colloqui. Et cum omnia haec tibi simul accidunt, deinde vero "caeruleis" afficeris! Et cum Horatius
15 omnibus his rebus simul afficeretur, manifeste Horatius "caeruleis" afficiebatur.

Itaque ut tempus praeteribat, pauciores et pauciores homines nostrum Horatium usquam videbant. Cum non iam saltaret discessissetque de theatro, omnes ei qui summo cum studio antea eum
20 plauserant, brevi tempore eius omnino obliti sunt. Itaque nunc Horatius erat ille maestissimus omnium conspectuum, porcus derelictus!

Uno die quidam amicus vetus Horatio in via Cincinnatorum ambulanti occurrit. Noster porcus tam erat squalidus, tam panno-
25 sus, vero tam miserabilis conspectus, ut nullo modo esset similis illi *avi noto qui in cavea inaurata erat inclusus. Non, hoc tempore suae vitae noster porcus erat magis similis cuidam *avi qui suum nidum foedat! Nunc hic amicus bonus animos depressos Horati tollere vehementer conabatur, sed heu! frustra! Nam Horatius vero erat
30 inconsolabilis. Etiam de suo sodali absente dolebat. Itaque post multos *conatūs ille amicus tandem Horatio aliquid pecuniae dedit et tristis suam viam persecutus est.

Cum vero illam pecuniam habere multum nollet — Puer, erat depressus! — tamen Horatius eam accepit. Nam hoc tempore tam
35 destitutus, tam derelictus erat is ut saepe ad suum cibum petendum inter quisquillias redigeretur! Itaque, ut e quisquillias excederet, noster porcus deiectus pecuniam accepit.

Et dum longius secundum vias Cincinnatorum ambulat, forte accidit ut Horatius, pecuniam manu etiam tenens, tabernam

pigneratoris videret. In fenestra tabernae illius pigneratoris erat
cithara, vetus et afflicta cithara! Primum Horatius pecuniam quae
erat in manu spectavit, deinde citharam quae erat in fenestra spectavit! Rursus noster porcus *Sirenaeam vocem negoti spectaculi
audivit! Statim in tabernam illius pigneratoris Horatius iniit et 5
quaesivit: *"Quanti est illa cithara in fenestra?" Et pignerator, qui
erat aliquantum ioculatoris, statim secundum versus cantavit:
"Quaedam cui sunt fides tremebundae?" Et ubi ille ioculator pecuniam quae erat in manu Horati spectavit, illa summa pecuniae fiebat
exactum pretium illius citharae! Quae egregia concursatio! 10

    Cum vero accurate nesciret quid faceret, tamen Horatius
suam pecuniam pigneratori dedit et citharam veterem afflictamque
accepit.

    "Utere eā in bona sanitate!" pignerator Horatio inquit, etiam
iocans. *"Cane, Aegyptiane, salta, Aegyptiane, cane in fidibus mei 15
cordis! Vah! Quo vadis, *vetus ludens?"

    Nam nunc Horatius per fores tabernae fugit, nam vero sum-
mam humiliationem propter totam rem percipiebat. Postquam a
taberna discessit, breve tempus Horatius in animo habebat abicere
illam citharam veterem et afflictam. Sed forte eius digiti fides citha- 20
rae leviter tetigerunt. Et cum primum illum sonum veterem familia-
remque rursus audivit, statim Horatius *"hamo capiebatur!" Itaque
dum fides vehementer pulsat, magna voce coepit cantare illum
veterem cantum Careuleorum, *"Caerulea Fatigatorum", quoque
cognitum altero nomine: "Id Quassa Et Id Frange Et Id In Muro 25
Suspende!"

    Et Horatius antequam quid ageret scivit, summa voce canta-
bat. Et mox pauci ambulatores qui animadverterant quid gereretur
nostrum porcum cantantem circumvenire coeperunt. Manifeste
Cincinnatis non multum negoti est turbam attrahere! 30

    Deinde Horatius, turba crescente excitatus — nam specta-
tores eum cohortabantur et nummos iactabant — subito de Freddo
perfidiāque temporariā arbitratus est. Statim summa voce cantare
coepit: *"Tu Non Es Nihil Praeter Canem Molossum!"

    Propter suam frustrationem magnam Horatius summa voce 35
a principio cantaverat. Sed nunc, maxime furens, quoque amens,
tam maxime cantabat ut paene statim femina grandis e fenestra
quam super caput Horati aperuerat clamabat: "Siste illum pessimum ululatum! Siste eum statim! *E felibus aegris meliorem ululatum audivi! Praeterea mea infans dormire temptat! Eam cape!" 40

    Et antequam Horatius se movere potuit, illa femina grandis
irataque in caput nostri porci infelicis magnam situlam aquae per-
sordidae fundit! Videlicet omnes spectatores ridebant et plaudebant
et qua re non? Quis est qui humiliatione alterius non fruatur? Est
tantum humanum et semper fuit et semper erit! 45

NOTES

caeruleis: "blues" i.e. low spirits, acute melancholia

Tu vis...colloqui: So we are told by Leadbelly, greatest of the "blues" singers, in "Good Morning, Blues!"

avi noto...inaurata: "The Bird in the Gilded Cage" A favorite sad song of the 1890's

avi qui...foedat: Echoes Heywood *Proverbs* Pt. II, Chapter V. "It is a foule byrd that fyleth his owne nest."

conatus: Noun

Page 55

Sirenaem vocem: "Siren call" The Sirens were excessively sweet singers who lured travelers to their doom.

Quanti est...in fenestra: Echoes a song made famous in the 1950's by singer Patti Page: "How Much Is That Doggy in the Window?" **Quanti** is a Gentitive of Price.

Cane, Aegyptiane: "Play, Gypsy" Echoes a popular song of the 1920's

vetus ludens: "old sport"

homo capiebatur: "he was hooked"

Caerulea Fatigatorum: "Weary Blues" A New Orleans favorite

Tu non es...Molossum: "You Ain't Nothin' But a Hound Dog" A song of protest made popular by Elvis Presley

E Felibus...audivi: Love-sick cats caterwaul.

CAPUT XV. *Amore Horatius Noster E Faucibus Mortis Eripitur!*

Heu! Illa aqua persordida non cecidit *similiter ac lenis pluvia de Caelo! Horatius miser madefactus est! Et si putas Horatium nostrum animo humilem antea fuisse, tu debes eum nunc vidisse!

O Horatium miserum! O Horatium miserabilem! Eodem die 5 noster porcus infelix passus erat summam humiliationem bis, O bis! Nonne enim quoque pecuniam de amico acceperat?

Dum spectatores etiam rident, Horatius furtim elapsus est. Reliquit omnem pecuniam quam spectatores iactaverant et, citharam veterem afflictamque ferens, ad magnum *flumen quod secun- 10 dum Cincinnatos fluit statim adiit. Ibi sua onera deponere cogitavit *humi secundum ripam, numquam rursus studere bello — neque musicae neque cuiquam omnino! Quidem erat amarus de eo quod sibi accesserat! Vero hoc tempore et bona de causa noster porcus minime laetus, tristis maxime erat!. 15

Cum primum ad ripam pervenit, Horatius in flumen suam citharam longe statim proiecit et breve tempus suam citharam *in summa aqua natantem spectabat. Deinde forte levis aura fluminea per fides illius citharae natantis leniter flabat. Et mirabile auditu, sua sponte illa cithara natans canere coepit: *"Humi secundum ripam, 20 mea onera depositurus sum . . . ." Erat miraculum! Aut eratne? Quis est qui intellegat modos errantis aurae flumineae? Non ego.

Et illo puncto temporis ipso cum Horatius ipse suam citharam in flumen secuturus est, in suum caput venerunt cetera verba illius sancti cantus veteris famosique: "Humi secundum ripam, 25 matri meae ibi occursurus sum. . . ." Et illa verba cara nostrum porcum *"mortuum in suis vestigiis" stiterunt!

"Mater!" Horatius singultavit et lacrimare coepit. "Mea cara mater vetus! Mater Misericordiae, quid facturus eram? Quo modo tui, Mea Matercula, oblitus esse poteram? O quae scrofa bona tu 30 mihi eras!"

Itaque quod putabat non de se, sed de sua matre, illā bonā scrofā vetere, Horatius in flumen se non proiecit. Et ubi verba alius cantūs veteris in suum mentem quoque feliciter venerunt, Horatius est conservatus, conservatus, audisne? Amore Horatius est conser- 35 vatus, conservatus Matris Scrofae amore revertente trans *Flumen Stygem! Nam multis annis ante Horati cara Mater Scrofa *ad Illam Magnam Haram Porcariam in caelo adierat. Tum infeliciter illa vetus scrofa inciderat in eum *morbum qui efficit maculas rufas in

cute. Et vere — Ver, veris, n. est illud tempus anni *ubi inclinatio adulescentis ad cogitationes amoris leviter se vertit — et *vere eius vetus Mater Scrofa mortua erat! Ille versus quoque est e cantu vetere. Scisne quid de scrofae cauda in illo cantu fecerint! *Tibi non
5 dicturus sum!

Et propter amorem illius veteris scrofae quae procul nunc erat — "Amor scrofae" est exemplum splendidum genitivi aut subiectivi aut obiectivi! Nonne tu es felix? — hoc tempore Horatius in suam memoriam reduxit optimum omnium cantuum de fili amore
10 matris! Et statim noster porcus multis cum lacrimis cantare coepit: "Redeo ad meam caram veterem matrem, ut sim eius dulcis parvulus puer iterum!" Potestne esse oculus siccus in domicilio?

Et omnis laus gloriaque deis porcorum! Nam illo puncto temporis ipso Horatius fecit initium suae reiectionis mortis suaeque
15 affirmationis vitae! Quidem illud erat magicum punctum temporis *cum Horatius mortem pro via vitae reiecit!

Deinde Horatius, multum gaudens, *suas palmas ad caelum tetendit et inquit: "Dei porcorum, mihi unum omen dedistis! Nos oro *ut hoc omen altero omine confirmetis!"

20 Vix noster porcus laetus fatus erat, cum in flumine a navicula quae multis lucernis tecta est *intonuit laevum! Statim vox magna audiebatur, vox facta multo maior compluribus cornibus, et haec vox maxima clamitabat:

*"Nunc hoc audite! Nunc hoc audite! Freddus Elephantus,
25 illud grande lumen theatri et cinemae, Cincinnatos coram venit! Veni *une! Venite omnes! Haec est vestra opportunitas aurea ad lumen carissimum theatri Americani videndum! Freddus Grandis coram in *Theatro Orphico septem dies aderit, incipiens cras! Festinate! Festinate! Festinate! Tesserae celeriter eunt!"

30 Ore aperto, vero stupefactus, Horatius naviculam praetereuntem adspectabat. Brevi tempore non procul ille nuntius magicus iterabatur....

O omen secundum! Dei porcorum, vobis gratias maximas ago! Freddus! Freddus Grandis! Freddus coram Cincinnatis! Erat
35 nimis bonum esse verum! Manifeste nunc dei porcorum rursus Horatio favebant! Brevi tempore omnia sint rursus bona!

Nunc non iam Horatius dubitabat! Ad vitam rursus revenerat! O diem laetum! O diem laetissimum! Rursus erat nostro porco bona causa ad vivendum! Gaudeamus igitur, maxime gaudeamus!

NOTES

similiter ac...de Caelo: *The Merchant of Venice* Act IV, Sc. 1

flumen: The Ohio River

humi secundum ripam...depositurus sum: "Down By the Riverside" The familiar spiritual, a favorite of New Orleans musicians

in summa aqua: "on top of the water" Self-playing instruments are not uncommon in folklore, where they often reveal the identity of the murderer of their owner.

mortuum in....stiterunt: "stopped him dead in his tracks" i.e. brought him to an absolute halt

Flumen Stygem: "River Styx" One of the nine rivers of the underworld, across which Charon ferries all souls

ad Illam Magnam....Porcariam: "to that Great Pigsty in the Sky" A popular designation of Heaven, adapted to the interests or occupation of the dying one: e.g. cowboys aspire to that "Great Chuck Wagon in the Sky"

morbum qui....in cute: "measles"

ubi inclinatio....se vertit: "when a young man's fancy lightly turns to thoughts of love" Tennyson: *Locksley Hall*

et vere....Scrofa mortua erat: Echoes the folk song: "The Sow Took the Measles." A favorite of Burl Ives

Tibi non dicturus sum: How could I be so mean? Of her poor tail, they made a whip!

cum Horatius....reiecit: "when Horatius rejected death as a way of life"

suas palmas....tetendit: Echoes Virgil *Aen.* II, 687ff

ut hoc omen....confirmetis: The Romans recognized that one "omen" might be accidental, and so they regularly asked for another!

intonuit laevum: Thunder on the left was a good omen—except when it was a bad omen!—among the Romans.

Nunc hoc audite: "Now hear this!" The regular Navy attention-getting loud speaker introduction to the message to follow

une: Vocative Case

Theatro Orphico: "Orpheum Theater" Once a favorite name for movie theaters

CAPUT XVI. *Horatius, Post Longam Absentiam, Ad Theatrum Revertitur!*

     Postero die maximo cum labore et aliqua humiliatione Horatius satis pecuniae ad tesseram pretiosam emendam tandem coegit. Nam videlicet Freddus nostro Horatio videndus erat!

     Et nunc nox magna pervenerat! Itaque nunc reperimus nos-
5 trum Horatium sedentem in Theatro Orphico, fere amentem propter suam exspectationem. Tandem eius nox magna pervenerat! Feliciter Freddus quoque pervenerat!

     Videlicet multitudo actuum spectatoribus erat ferenda priusquam Freddus appareret, nam Freddus Grandis erat verum lumen
10 totius spectaculi! Numquam igitur Freddus *primus in libello apparebat. Freddi conspectus vero erat climax omnis spectaculi!

     Solus unus ex actibus prioribus Horatio multum placebat — gemini muli, nomine Heius et Breius, acrobati et comoedi. Eorum totus actus quidem erat spectatoribus gratissimus. Exempli gratia,
15 dum in suis capitibus stant, ioca illi muli simul narrabant, ioca tam digna risu ut spectatores paene *"sua latera scinderent!" Forsitan tibi placeat audire unum exemplum eorum iocorum?

Heius: Vir invissimus Sanctae Silvae tandem mortuus est, tamen multa milia hominum ad eius funebria evenerunt. Quid eorum
20   actio demonstrat?
Breius: "Nescio, *'domine Ossa'; Quid eorum actio demonstrat?
Heius: Eorum actio, tu stulte, demonstrat si hominibus dederis id quod videre maxime voluerint, eos omni occasione universos ad id videndum eventuros!

25   Videlicet omnes spectatores maxime ridebant et plaudebant. Deinde Heius et Breius, qui, ut memineris, in suis capitibus stabant, nunc in suos pedes se restituerunt et cantare coeperunt: "Tu meam uxorem es furatus, tu fur equorum tu!" Ut manifeste videre potes, dum Heius et Breius in scaena adsunt, erat nullus finis iocandi et
30 ridendi! Et noster Horatius omnibus fruebatur! Sed videlicet venerat ad theatrum omnino ut Freddum videret.

     Sed tandem scaena erat vacua. Postquam symphonia brevem introductionem est modulata, erat punctum silenti, vero *"intermissio pregnans"! Deinde Freddus elephantus apparuit et statim totum
35 theatrum erupit! Viri fortes clamabant, feminae pulchrae lacrimabant et collabebantur, *pueri dulcibus vescebantur et ad latrinam exibant! Hic est dicendum plurimos pueros non putavisse Freddum nostrum vero esse suum *"saccum"!

60

Dum spectatores plaudent et plaudent, dum multi flores in scaenam proiciuntur, Freddus, suum caput iterum iterumque submittens, ad plausum tonantem respondit. Ubi plausus tonans tandem residere coepit, ad suum summum laborem studio ingenti spectatorum excitatus, noster elephantus saltabat saltabatque dum 5 totum theatrum tremefaceret. Simul multi qui athleticiores erant in angiportis ipsi saltabant! Erat mirabile visu!

Tandem, suis laboribus maximis confectus, Freddus scaenam relicturus erat. Tum Horatius, cum bene comprehenderet id esse *"Nunc Aut Numquam", non iam se continuit. Ad suos pedes 10 saluit et clamavit: "Fredde! Fredde! Tu dulcis elephante vetus tu! Mei memento? Est Horatius! Horatius, tuus vetus sodalis! Specta huc! Specta me! Hīc sum! Hīc sum!" Et dulciter cantare coepit: *"Quid tu dicis, simus sodales!" Deinde: *"Noctes sunt longae ex illo tempore ubi abisti, mi sodalis!" Sed si hoc tempore putas non esse 15 unum siccum oculum in theatro, tu erras, omnino erras!"

Nam heu! Et rursus heu! heu! Haec interpellatio Horati spectatoribus nullo modo placebat et statim sibilare coeperunt clamitareque: "Deponite porcos, elephantos tollite! Deponite porcos, elephantos tollite! Trahatur ille porcus, *unco trahatur!" 20

Et dum spectatores feroci cum voce universi c(h)antant illum horribilem c(h)antum: "Trahatur, unco trahatur!", Freddus in scaena concursabat similiter ac *"pullus cui caput praecisum est!" Hīc "cui" est exemplum splendidum dativi incommodi, nam plerumque est incommodum amittere tuum caput— in perpetuum! 25

Dum Freddus concursat simul clamitabat: "Horati! Horati! Horati, sodalis vetus! Ubi es? *Hinc tu abi! Hinc celeriter tu abi! Curre! Curre! Te conserva! Te conserva! Curre ad tuam vitam!"

Et cum Horatius tandem currere coepisset, deinde spectatores universi nostrum porcum volantem comprehendere conabantur. Et qua re non? Quis est qui non fruatur porco prosequendo? 30 *Iam, iam eum capturi sunt, sed Horatius perterritus quidem ad suam vitam currebat similiter ac *"porcus unctus in ludis rusticis!" Sed tandem e theatro effugere poterat sed tantum *"cute suorum dentium!" 35

Quidem Horatio hoc erat *"ultimum stramentum!" Tam prope et tamen tam procul! Numquam antea fuerat porcus tantā *desperatione, numquam antea fuerat porcus tantā tristitiā! "Potestne quisquam nunc dare mihi unam bonam causam vivendi?" Horatius secum fatus est. "Curriculo deleto, Freddo amisso, mani- 40 feste est tempus ut e vita excedam! *Aliquando sentio similiter ac porcellus qui caret suā matre scrofā! Mater! Mater scrofa cara! Venio! Venio! Occurram tibi rursus humi secundum ripam!"

Itaque Horatius currere coepit, celerius celeriusque, dum ad ripam *Ohionis Pulchrae perveniret. Ubique erat totum silentium, 45

nam erat nunc*"multa nocte." Itaque noster Horatius miser erat omnino solus. Erat nemo ibi qui temptaret nostrum tristem porcum a se conservare. Itaque noster porcus tristis tandem suis multis calamitatibus omnino oppressus est. Et quod arbitrabatur et amicos
5 et spem sibi simul deesse, Horatius finem vivendi hoc tempore ipso facere constituit! *O quo loco eras tu, Fredde Grandis, cum nostro porco maxime te opus erat?

Sine ullo dubio Horati ultimae cogitationes erant matris carae, apud eas forsitan primus versus illius veteris poematis tam diu
10 tam cari omnibus porcis: *"Mea mater erat superior scrofa...."

Et suis digitibus nasum suum continens, in nigras aquas Ohionis Pulchrae Horatius se proiecit! *Triste clamabat omnibus qui heu! non aderant: *"Vale, munde saeve! Tibi meum optimum dedi sed manifeste meum optimum tibi non satis bonum erat! Vale
15 quoque, Fredde care, Fredde dulcis! Tibi faciebam id quod poteram, sed mihi quicquam facere non poteras! Tandem laetus ero, *in alto dormiens, ubi tam multa corda fortia iam dormiunt. Spero, Fredde care, te quoque laetum futurum esse, ubi habitem in *'Terra Promissa', madidus, sed laetus! Nunc ego *eo ut occurram Meo
20 Creatori, Porco Ingenti, *si Plato est correctus! Valete, omnes! Valete! Valete! Val....!"

Novissima verba Horati nostri nigris aquis Ohionis Pulchrae inconsiderate interrumpebantur! Et nunc Horatius a conspectu statim sidit, nam prope illam ripam feliciter Ohio Pulchra erat satis alta
25 ad porcum nostrum tegendum. Et si quis ibi tum adfuisset, paucas bullas solas in summa aqua aspexisset! Heu! Heu! Et rursus et rursus! Heu! Heu!

Qua re homines numquam adsunt cum maxime eis opus est? Ubi tum erat custos vitae, ubi *navicula salutifera? Ubi quoque erat
30 *Septima Turma Equitum? *Ubi omnes flores ierunt? Ubi erant illa verba semper grate accepta: *"Eice Funem Salutiferum"? Nam hoc tempore aliquis certe sidebat et ille aliquis erat noster Horatius! Poteritne nihil eum conservare? Verisimile esse videtur! Amabo, mollia corda et molliora capita, nolite desperare! Omnia non amit-
35 tuntur! Tantum circum dimidium nostri libelli est confectum!

NOTES

Page 60

primus in libello: The star act never appeared first or last on the program.

sua latera scinderent: "they split their sides laughing" i.e. they laughed exceeding heartily.

Domine Ossa: "Mr. Bones" The Master of Ceremonies in the Minstrel Shows bore this title.

intermisso pregnans: "pregnant pause" i.e. a moment before the much more to follow

pueri: "children"

saccum: "bag" A slang term for something done well or enjoyed thoroughly

Page 61

Nunc Aut Numquam: "Now or Never" i.e., his last chance

Quid tu dicis....sodales: "What Say, Let's Be Buddies!" A song of the 1920's

Noctes Sunt....Mi Sodalis: Echoes a Kahn and Donaldson song of 1922

unco trahatur: "Let him be dragged by the hook!" The chant of the Roman mob as the body of the criminal and occasional emperor was dragged to the Tiber for disposal

Pullus cui....praecisum est: "a chicken with its head cut off" A folk saying denoting absolute absence of controlled purpose. **Cui** is demonstrably a Dative of Disadvantage.

Hinc tu abi: "Hie thee hence!" Archaic

Iam, iam: Virgil *Aen.* II, 530

porcus unctus....rusticis: "the greased pig at the county fair" A favorite rural contest on festive occasions

cute suorum dentium: "by the skin of his teeth" i.e. by the narrowest of margins

ultimum stramentum: "the last straw" Proverbially, it broke the camel's back.

desperatione: Descriptive Ablative

Aliquando sentio....scrofa: Echoes the spiritual: "Sometimes I Feel Like a Motherless Child"

Ohionis Pulchrae: "Beautiful Ohio" The song always, the river sometimes

Page 62

multa nocte: "late at night"

O quo loco....opus erat: "Where were you when I needed you?" A common complaint

Mea mater....scrofa: Echoes D. H. Lawrence's "Red Herring," stanza 2, where, for "sow" read "soul"

Triste: Adverb

Vale, munde saeve: "Farewell, Cruel World." A favorite Victorian terminal valedictory

in alto dormiens: Echoes the familiar aria for the basso profundo: "Many Brave Hearts Are Asleep in the Deep!"

Terra Promissa: "Promised Land" The permanent destination of the final journey of many, among them, the unlucky railroad engineer, Casey Jones

eo: Verb

Si Plato est correctus: Somewhere Plato, or somebody equally authoritative, asserted that if the oxen have a god, he is an out-sized ox. It was actually Xenophanes B15DK Clem Str. V. 110.

navicula salutifera: "life boat"

Septima Turma Equitum: "Seventh Cavalry" That intrepid unit which, in Western movies, invariably arrived in the nick of time, except at Little Big Horn.

Ubi omnes flores ierunt?: Echoes the recent ballad: "Where Have All the Flowers Gone?"

Eice Funem Salutiferum: "Throw Out the Lifeline" A Revival hymn. Echoed is a line from the hymn: "Someone is sinking today!"

CAPUT XVII. _Cincinnatis, Freddus Noster Horatium Nostrum Petit — Frustra?_

Interim Freddus, fere amens quod *timebat sodali nondum reperto, custodes securitatis publicae de suo sodali absente certiores fecerat et diu custodes Horatium petiverant, sed frustra! Tandem multa nocte, omnibus quae illo die nocteque acciderant maxime
5 fatigatus, Freddus paucis cum amicis adiit ad cauponam ubi liquores alcoolici ponebantur, ibi ut *"suos dolores submergeret."

Et Freddus, cum nox fere consumpta esset et maxime de Horatio vexaretur, videlicet bibit plures liquores alcoolicos *quam vero sibi profuerunt! Et ubi tandem ad suum hospitium magnum
10 reverti constituit, suis amicis invitis et se sistere conantibus, ubi a caupona evenit, noster elephantus ebrius, stupefactus, non poterat meminisse ubi suum hospitium magnum collocaretur!

O Freddus stultus! O Freddus stupidus! Hac nocte omnium noctium, *bibere nimis multum liquorum alcoolicorum! Hac nocte
15 omnium noctium, errare tam longe a *via directa et angusta!

Sed quis nostrum est qui vero sit perfectus? Ego non sum, neque tu es! *Qui sine peccato est vestrum, primus lapidem immittat! Ignoscamus et obliviscamur! Id quod est factum, factum est, et rursus agetur!
20 Itaque Freddus, postquam a caupona discessit, diu ambulabat ambulabatque *per vias latas angustasque, clamitans: "Horati! Horati! Ubi es tu, tu vetus porce tu?" Tandem multo post ad Ohionem Pulchram pervenit. Et cum Freddi pedes magni nunc essent calidi et fatigati, eos in frigidis aquis illius fluminis abluere
25 constituit. Manifeste Freddo multum prodesset madefecisse suum caput magnum pingueque in frigidis aquis illius eiusdem fluminis! Amittere Horatium, deinde viam amittere propter bibendos liquores alcoolicos immoderate! Pro pudor, Fredde Grandis!

Et dum Freddus noster suos magnos pedes calidos fatiga-
30 tosque in frigidis aquis illius fluminis *abluit, forte custos securitatis publicae vidit quid noster elephantus faceret! Statim clamare coepit: "Lege urbanā non licet magnos pedes calidos fatigatosque in flumine abluere! Flumen polluis! Tuos pedes magnos ex aqua statim extrahe! Lege urbanā fractā, tu es mihi comprehendendus! Et ego
35 *exemplum tuorum magnorum pedum calidorum fatigatorumque facere cogito! *Ego cogito ad te 'librum' adicere! A me tibi manicae — id est, pedicae — imponendae sunt! Extende unum pedem *recens ablutum!"

"Primum lege mihi mea iura!" tranquille inquit Freddus

"Ego scio *de causa Mirandae! Lege mihi mea iura magnā voce, amabo!"

"Tibi sunt nulla iura!" irate respondit custos. "Tu es tantum elephantus! Autne id nesciebas?"

5   "Non necesse est ut tu sis iniucundus," Freddis inquit. *"Ego tacite ibo, custos!"

"Pro tanto beneficio de deis, eis multas gratias ago, nam tu es grandis," custos inquit, "et nolo te effugere!"

Itaque nunc custos ad carcerem profectus est, ducens Fred-
10 dum Grandem, cum esset dubium uter utrum duceret. Vero Freddus erat tam grandis ut nemo eum invitum usquam ducere posset. Sed Freddus tacite iit, ut pollicitus erat. Cum *carcer urbanus a flumine non longe abesset, brevi tempore pro bene defensis foribus carceris stabant. Postquam custos *"Cerbero loci" *tesseram dedit: *"Lapi-
15 dei muri carcerem non faciunt sed certe auxiliantur!" statim fores carceris sunt apertae. Et ei credas, statim custodes carceris reppere- runt Freddum esse grandiorem quam fores carceris! Neque ceteri custodes universi nostrum nimis grandem elephantum per fores propellere poterant!

20   Sed tandem Freddus, ubi se quam minimum fecit, per nimis angustias fores nimis grandem se compressit! Statim custodes uni- versi nostrum *"avem carceris" in arcam parvam celeriter abduxe- runt, ubi manicas — id est, pedicas — removerunt. Et cum quidem haec fuisset *"duri diei nox" et quidem "laboravisset similiter ac
25 canis", Freddus in infero lectulo consessurus erat ut "similiter ac stipes dormiret."

NOTES

Page 64

timebat sodali: "he feared for his buddy"

suos dolores submergeret: "to drown his sorrows" i.e. to forget his troubles, as the result of excessive alcoholic intake

quam vero sibi profuerunt: "than were really good for him"

bibere: Infinitive of Indignant Exclamation!

via directa et angusta: "the straight and narrow way" i.e. the more difficult path that leads to virtue

Qui sine peccato....immitat: *John* VII, 7

per vias....angustasque: Echoes the Irish ballad: "Molly Malone"

abluit: a splendid inter-lingual word, especially when pronounced with a slight Southern bias: *ah-blew-it!* Another is **adispiscor,** pronounced: *Ah! De Peace Corps!* Be alert! There are others! But not here!

exemplum—facere: "to make an example" A common threat of those in authority

Ego cogito....adicere: "I intend to throw the book at you!" i.e. I intend to prosecute you to the fullest extent of the law! A common threat of those in authority

recens: Adverb

NOTES

de causa Mirandae: The famous case in which the verdict was reversed because the defendant had not been informed of his legal rights.

Ego tacite ibo, custos: "I'll go quietly, officer" A favorite line in literary crime circles

carcer urbanus: "city jail"

Cerbero loci: "the Cerberus of the place" i.e. the guard at the door of the jail

tesseram: "password"

Lapidei muri....faciunt: Echoes Richard Lovelace's "To Althea From Prison": "Stone walls do not a prison make,/Nor iron bars a cage." Lovelace was speaking figuratively.

avem carceris: "jailbird"

duri diei nox....dormiret: Echoes the Beatles' tune: "A Hard Day's Night"

CAPUT XVIII.   *Interim Quid Accidebat Humi Secundum Ripam?*

Nunc ad flumen redeamus. Ibi, ut tu videlicet memineris, Horatium ad flumen imum lente taciteque sidentem reliquimus. Illud ultimum *punctum temporis tota vita nostri porci submergentis *mirantes eius oculos praeteribat. Deinde Horatius, postquam illam vitam magna cum cura perscrutatus est, statim constituit suam 5 vitam vero non fuisse nimis malam vitam omnino! Nunc vivere maxime volebat! Nonne illa semper via est? *Scimus meliora, facimus peiora! Nimis saepe primum agimus, deinde postea, multo postea, putamus! Videlicet stultus semper Fatum ludificabitur, itaque ad Auream Portam Amoris perveniet nimis sero, nimis sero! 10 Estne ludificatus Horatius noster hac occasione Fatum nimis multum? Videbimus! Videbimus!

Feliciter, quicquid praeterea erat, Horatius *nullius stultus erat! Itaque cum nunc sibi cupiditas vivendi rursus esset multo validior quam cupiditas moriendi, noster porcus sidens, ubi ad 15 imum flumen tandem pervenit, contra imum flumen tam vehementer suos quattuor pedes parvos pepulit et simul tam valde sursum saluit ut celeriter suum dulcem caput e summa aqua erumperet! Et rursus animosus paratusque ad vivendum, noster bonus porcus renatus est! Quidem erat *porcus renatus! Et cum esset maxime 20 fatigatus, tamen cum vigore ad propiorem ripam obscure visam natare coepit. Nam nunc Horatio quidem erat validissima cupiditas vivendi! Et, ut nos scimus, *sui conservandi cupiditas est Prima Lux Naturae!

Nunc rursus renatus, nunc rursus laetus, post tantum tristi- 25 tiae, dum ad ripam valde natat, Horatius quoque secum haec fatus est:

"Quam stultus fui, relinquens theatrum curriculumque meum, etiam me interficere conans! Nam quis quidem mihi succedere possit? Aliqui clephantus? Est ridere! Vero soli nos porci in 30 *musico ludo scaenico partes primas gratissime agere possumus et bona de causa! Nam in omnibus nobis porcis semper est aliquid 'pernae'!" Et ubi de eo putas, est omnino verum! Nam omnis porcus quattuor *crurum habet duas pernas!

Cum ioco parvo nimis multum risisset, Horatius infelix mul- 35 tum aquae sorbuit! Statim, tussiens et strangulans, dum sua bracchia in omnes partes iactat, heu! rursus Horatius in flumen lente sidere coepit. Sed priusquam omnino submersus est, clamabat: "Iuva me! Iuva me! Aliquis, iuva me! Nam sum multo nimis iuvenis ad moriendum! Optimi anni vitae meae sunt etiam pro me! Iuva! 40 Iuva!"

Feliciter illo tempore ipso Horatius audiebat vocem viri cantantis: *"Halitus Ohionis Fluminis Cincinnatis! Illi caelestes halitus qui directe referunt meas cogitationes ad te!" Ei credas, erat vox custodis publicae securitatis qui flumen naviculā tum circumi-
5 bat, petens praedones flumineos! Videlicet in Ohione Pulchra fuer-ant nulli praedones per centum annos, sed feliciter ad Horatium, antiqui custodes fluminei numquam remoti erant. O felix, felix Horati! O infelices, infelices *vectigalia pendentes!

Et cum Horatius rursus clamavisset: "Iuva me! Amabo, me
10 iuva! Celeriter, O celeriter!" statim ille custos respondit: "O, *conti-nua gerere tuam subuculam! Venio! Venio! Interim tu in tuum tergum te verte et paulo diutius fluitā! Venio, venio, nam meum caput humiliter se inclinat...." Deinde dum magna voce cantat: *"Remiga, remiga, remiga tuam naviculam, leniter secundum flu-
15 men!" magna cum celeritate venit et statim Horatium e flumine extraxit.

Deinde dum Horatius se siccat, custos suam naviculam ad ripam vertit, etiam cantans: "Hilare, hilare, hilare, hilare, vita est nihil praeter somnium!" Et ubi ad ripam pervenerunt, custos Hora-
20 tium in egrediendo e navicula adiuvit. Sed ubi noster porcus ei gratias meritas agere temptabat, ille custos hilaris statim inquit: "Me piget, mi porce, sed mihi tu es comprehendendus! Lege urbana non licet in flumine natare! Tibi mecum nunc veniendum est! Et, amabo, noli quaerere de tuis iuribus! Tu es solus porcus! Et ut *simiis sunt
25 nullae caudae Zamboangae, sic Cincinnatis porcis sunt nulla iura!"

Et his verbis dictis, noster custos hilaris ad carcerem urba-num Horatium duxit, etiam cantans — Puer, erat ille custos hilaris! — "O simiis sunt nullae caudae, eae cetis sunt demorsae! O simiis sunt nullae caudae Zamboangae!"

30 Et Horatius nunc haec secum mussitabat: "Hoc tempore *videor momordisse plus quam mandere possum! *Quisque pars actus fieri vult!"

Sed feliciter brevissimo tempore ad bene defensas fores carceris pervenerunt et celeriter eis introire licebat.

NOTES

Page 67
punctum: Accusative of Duration of Time
mirantes oculos: The "wondering eyes" of "A Night Before Christmas"
Scimus meliora....peiora: Echoes *Romans* VII, 15
nullius stultus: "he was nobody's fool" i.e. he was wise and with it.
porcus renatus: "a born-again pig" Echoes a religious movement of the 1970's
sui conservandi: "self-preservation"
musico ludo scaenico: "musical comedy"
crurum: Descriptive Genitive

68

NOTES

Halitus...Cincinnatis: Echoes Carl Sandburg: "Whiffs of the Ohio River at Cincinnati"

vectigalia pendentes: "tax payers"

continua gerere tuam subuculam: "keep your shirt on" i.e. be patient

Remiga, Remiga....flumen: Echoes the round: "Row, Row, Row Your Boat"

simiis sunt nullae caudae: Echoes the old United States Infantry song of the Philippines, where the city of Zamboanga is located

videor momordisse....possum: "I seem to have bitten off more than I can chew" i.e. I seem to have taken on more than I can actually accomplish

Quisque pars....vult: "Everybody wants to get into the act!" The oft-repeated complaint of comedian Jimmy Durante

CAPUT XIX. *In Eodem Carcere Eodem Tempore Horatius Et Freddus!*

Quidem suspicor te iam coniecisse omnia quae de Horatio supra narrata sint accidere dum Freddus in caupona cum suis amicis adsit, liquores alcoolicos bibens. Qua de causa Horatius in illo carcere iam adfuit ubi Freddus Grandis, multis paginis ante, ad
5 eundem carcerem pervenerunt. Videturne id involutum? Habe virtutem! Ut tempus praeterit, omnia ostendentur!

Forsitanne meministi quid Freddus Grandis facturus fuerit cum in suam arcam parvam primum pervenerit? Macte! Macte! Freddus Grandis consessurus erat! In quo? Tibi unam coniecturam
10 dabo!

Itaque Freddus consedit. Statim stridor magnus audiebatur, sub Freddo! Deinde vox irata clamabat: "Surge! Surge! A me te tolle! Fac id hoc tempore ipso! In me sedes et tu es gravissimus! Quod genus porci pinguis es tu, mehercule?"
15 "Nullum genus porci pinguis sum ego," inquit Freddus paulo vulneratus, nam vero neque quisquam est laetus ubi a quoquam "pinguis" est appellatus. Quidem hodie in nostra societate aliquem "pinguem" appellare est contumelia maxima, etiam ubi est verum! Et videlicet Freddus vero erat pinguis, ut plurimi elephanti sunt, sed
20 nullo modo appellari "pingui" Freddo placebat.

Sed cum Freddus molli *corde neque porco neque cuiquam, homini aut animali, nocere vellet, nam vero noster elephantus habet *cor tam grande quam "omnia quae sunt foras", videlicet statim surrexit. Dum se tollit, inquit: *"A te veniam peto....", sed histrio a
25 fine nasi longi ad finem caudae brevis, semper "perna", semper "in scaena", addit, cantans: "....numquam tibi hortum nasorum sum pollicitus!" Simul suos digitos concrepare et paulum se agitare coepit, et celeriter omnem *carcerem tremefaciebat!

Nunc non iam Horatio nostro erat minima dubitatio! Mani-
30 feste illud pondus ingens quod a se recens erat sublatum erat nemo praeter suum sodalem veterum, Freddum Grandem, Freddum saltantem cantantemque, illud gravissimum lumen Sanctā Silvā! Et statim cor benignum tenerumque Horati amore dissolutum est! Statim quoque se surrexit et clamavit: "Fredde! Fredde Grandis!
35 Esne vero tu, tu lumen grande vetusque tu? Videlicet debeo recognovisse illud ingens pondus alicubi!" Deinde porcus noster elephantum nostrum complectebatur quatenus poterat!

Freddus quoque, non est necesse ut dicam, maxime gaudebant quod suum sodalem veterem tam celeriter rursus reppererat. Pon-

70

dus ingens quoque a Freddo erat remotum sed ab alia parte eius anatomiae — eius corde, eius corde antea gravi!

Itaque laetissimus, suo naso longo usus, Freddus Horatium laetissimum a solo arcae sustulit et eum in suo capite deposuit. Saepe antea in scaena una voce cantaverant, dum Horatius in 5 Freddi tergo stabat.

Et quod nostri duo erant nunc tam laeti, videlicet statim cantare coeperunt. Primus cantus quem cantaverunt erat ille vetus cantus tam diu tam multis gratissimus: "Quid dicis, nos simus sodales?" Vero enim rursus erant sodales et familiares! 10

"Nimis lentus et nimis lenis!" Horatius statim inquit. "Nobis nunc magis est opus cantando maxima voce, ut omnibus nostram laetitiam demonstremus! Hoc habeo! Cantemus: *'Situla Habet Foramen In Se!' "

*"In canale, Papa-O!" statim inquit Freddus et summo cum 15 studio totum cantum bis cantabant!

Deinde, quod subito meminerunt quo loco tum adessent, statim una voce cantare coeperunt, et leniter:

> *O si mihi essent alae angeli,
> Hos muros carceris supervolarem,
> Ad bracchia mearum deliciarum advolarem,
> Et ibi ego mori vellem!

20

Et mirabile auditu, omnes "aves carceris" qui in arcis propinquis aderant secundum tetrastichum una voce cantabant:

> O volo me habere aliquam ad me amandum,
> Aliquam quae dicat me esse suum proprium,
> O volo me habere aliquam quacum vitam agam,
> Nam taedet me vitam agere solum!

25

Cum ille tristis cantus carceris amorisque frustrati lenissime 30 confectus esset, brevissimum tempus erat totum silentium. In illo carcere tum non erat oculus siccus, cum omnes "aves carceris" arbitrarentur *de suis amatricibus quae tum longe, longe aberant. Et aliqui sordidus "Sic-et-Sic" gerebat in suis comis tum *flavam taeniam quam ab vetere notaque arbore querna eripuerat! 35

O estne nullus finis hominum inhumanitatis arborum? Nam cum illa flava notaque taenia erepta esset, illa vetus notaque arbor querna statim erat collapsa! *Haec fabula significat: Si taeniam flavam circum veterem arborem quernam ligaveris, noli ulla de causa postea detrahere! Arbores quoque habent sensus, scis! Quo 40 modo tu afficereris, si quis tuam taeniam flavam eriperet? Vide? Arbores quoque oderunt eum *qui dat et postea detrahit! Sic tu monere! Non *sic ad astra itur!

71

*Priusquam "aves carceris" rursus cantarent, omnes custodes qui tum in carcere aderant, clamitantes et minitantes, ad arcam heroum nostrorum quam celerrime contenderunt, nam timebant ne "totus Hades" brevi tempore erumperet! Nunc omnes custodes bene comprehenderunt se vero *"habere caudā ursum!" Manifeste eorum carcer erat nullus locus his duobus *"animis liberis", Freddo et Horatio! Igitur custodes sapienter constituerunt "legem paulum flectere" liberareque statim eos duos dulces cantores. Unam condicionem autem postulaverunt — ut illi dulces cantores statim Cincinnatos relinquerent et numquam postea reverterentur. Et post brevissimum colloquium, cum recte non arbitrarentur se condiciones meliores nancisci posse, condiciones oblatas sapienter accipiebant. Et *priusquam dicere posses "Iacobum Filium Erithaci", nostri duo heroes liberati extra terminos urbis stantes se reppererunt!

Forsitan, Lector Lenis, nescis quis sit "erithacus"? Ille avis qui rufum pectus habet est aut erithacus aut columba alba cuius pectus magno frigore rutilatum est! Quoque erithacus est primus avis veris, saepissime ille avis stultus qui semper prima luce a suo nido discedit ut primum vermem nanciscatur! Ullone tempore tu es miratus quis sit is stultus qui ante primam lucem a lectulo surgat ut primum vermem eiciat? Mihi multum placeat ei occurrere! Si etiam nescis quis erithacus sit, *unus ex his avibus sagittā a passere malo in noto crimine avicidiae quondam est occisus! Et si etiam tu nescis, utere tuo thesauro!

Itaque Freddus et Horatius a custodibus ad terminos urbis erant deducti et ibi erant relicti, tuti et laeti, sed omnino pecuniā carentes! Potestne fieri ut quicquam peius esse possit? Nam omnes sciunt in nostra societate hodie non posse fieri ut quisquam carens pecuniā bene iucundeque se alere possit! Itaque iterum Freddus et Horatius erant in brevibus cornibus acris dilemmae! Carentes *"tesseris fidei", *quid facient? Quid quidem facient?

NOTES

Page 70

corde: Descriptive Ablative

cor tam grandem....foras: "heart as big as all outdoors" i.e. he was very kind

A te veniam—nasorum sum pollicitus: "I beg your pardon, I never promised you a nose garden," Echoes the novel by Joanne Greenberg and the song of the same title

carcerem tremefaciebat: Echoes Elvis Presley's "Jailhouse Rock"

Page 71

Situla Habet....In Se: "The Bucket's Got a Hole in It" A New Orleans jazz favorite

In Canale, Papa-O! "In the groove, Daddy-O!" Somewhat dated jive talk, meaning exactly right on all counts

O si mihi....mori vellem! "The Prisoner's Song" by Guy Massey Copyright MCMXXIV by Shapiro, Bernstein & Co., Inc. Copyright Renewed and assigned to Shapiro, Bernstein & Co., Inc. Used by permission.

de suis amatricibus....aberant: Echoes that favorite song of the United States Cavalry: "She Wore a Yellow Ribbon"

tum flavam taeniam....querna: Echoes the recent and popular song: "Tie a Yellow Ribbon Round the Old Oak Tree"

Haec fabula significat: In Aesop's *Fables*, the regular introduction to the moral of the tale

qui dat....detrahit: i.e. an "Indian" giver

sic ad astra itur: A familiar maxium: "Thus does one reach the stars" i.e. thus does one succeed brillantly

Page 72

Priusquam aves....cantarent: "Before the jail birds could sing again"

habere cauda ursum: "to have a bear by the tail" i.e. to be in a dangerous situation

animis liberis: "free spirits" i.e. unhampered by conventional norms

priusquam dicere....Erithaci: "before you could say 'Jack Robinson'"; i.e. the interval between thought and action was exceedingly short

unus ex his avibus....est occisus: Echoes the familiar nursery rhyme: "Who Killed Cock Robin?"

tesseris fidei: "credit cards"

quid facient? Quid quidem facient? Echoes the repeated query in the TV commercial for American Express Traveler's Checks

CAPUT XX.
Freddus Et Horatius Sanctam Silvam Profectus Est. Sunt Aliquae Difficultates In Via!

Statim est dicendum Freddum esse non paulo maestum propter suam inopiam pecuniae, nam nostro Freddo erat minima cupiditas rursus temptandi dubias voluptates paupertatis. Sed si Freddus erat *"duarum mentium" de suo praesenti praedicamento,
5 contra Horatius quidem erat *ingenio duriore! Itaque priusquam dubius Freddus nimis multum quereretur, Horatius hilare inquit: "Diu, Fredde, mi puer, *'alte in porco' vixisti! Nunc est tempus ut tu *de 'tuo alto equo' devenias experiarisque quo modo 'alterum dimidium' vivat, *quid homines simplices faciant! Haec experientia, tibi
10 polliceor, tibi multum proderit. Propter eam ad extremum tu eris histrio melior, etiam elephantus melior, quod tu poteris homines humiles *melius attingere. Et homines humiles te plus amabunt, quod tu apud eos coram adfueris. Igitur plures ex eis evenient per pluviam et nivem ut tuas picturas moventes spectent. Et illud efficiet
15 ut tu popularior divitiorque quoque fias! De eo cogita! Quid dicis! Paulumne patiemur? Breve tempus observemus homines humiles *in suis indigenis locis, *fricemus cubita cum eis, communicemus eorum laetitias et tristitias, eorum triumphos parvos et adversas res magnas, eorum lucra et damna! Age, Fredde Grandis, quid dicis?
20 Paulumne vivemus? Nonne breve tempus *'Illotis Magnis' nos adiungemus?"

"Sed, per deos, "Illoti Magni' olent!" Freddus statim querebatur.

"Tu contra similiter ac rosa oles," paulo caustice inquit
25 Horatius.

"Non est necesse ut mihi odorique meo contumeliam imponas! Non semper ego mecum ingentem *'Aeris-Linum' ferre possum," Freddus respondit. "Neque, scis, porci sunt lilia! Sed quidem id consilium quod nobis proponis mihi videtur esse simillimum uni
30 ex veteribus picturis moventibus in qua dives mercator simulat ut sit pauper. Deinde, multis calamitatibus perlatis, ad extremum fiat vir melior, nam voluptates paupertatis gustavit! Si tu illam picturam moventem semel vidisti, tu mille repetitiones vidisti! Mihi non est gratissima omnium picturarum moventium. Cum opes habes, *eas
35 ostende, ego semper dico. Et ego opes habeo! Sum unus dives bonusque elephantus! Itaque mihi nunc est nulla magna cupiditas ut melior elephantus fiam, *tantum divitior elephantus! Gaudeo quod ego lumen dives sum — et magnum! Peto nihil melius! Est nihil melius! Sed ego maxime volo me aliquid meae pecuniae mecum hīc
40 et nunc habere!"

74

"Tu es quidem lumen magnum, verum est," Horatius inquit. "Sed omni lumini magno crescere est continuandum! Vero in hoc mundo est nihil peius quam lumen stagnans! *Contemplare lilia, quo modo crescant! Contemplare *Quinque Parva Pipera et Quo Modo Creverint! *Aut contemplare murem parvum...." 5

"Tace de muribus!" Freddus celeriter inquit. "Tu bene scis ex tua experientia de elephantis et muribus! Etiam *Romani de elephantis et muribus sciverunt! Et hoc est nullum tempus *ut efficias ut fiam trepidus!"

"Noli fieri trepidus! Noli fieri trepidus! Quicquid praeterea 10 facis, noli fieri trepidus!" Horatius inquit, nam saepe antea viderat Freddum ubi trepidus erat factus! "Videlicet fieri possit ut iam tu satis in omnes partes creveris! Sed age, eque vetus! Te iace in spiritum rei! Quo modo poteris scire placiturumne sit tibi hoc fecisse nisi sis conatus? Hoc tempore *nos temptemus! Experientia erit 15 *gaudium et ludi nobis, gaudium et ludi! Et hoc habeo! Vero hoc habeo! Hīc sumus, extra Cincinnatos, egentes, ignoti, similes antiquo *Aeneae, Romae *conditori illi, extra Carthaginem! Igitur eamus Sanctam Silvam, urbem illam quae nobis est reperienda, et eamus eo sine auxilio cuiusquam, deis exceptis! De eo cogita! Tan- 20 tum te et me, Fredde, vetus sodalis, contra mundum!" Et nunc quod sibi erant tantae spes huius incepti, Horatius noster maxima cum laetitia in area alte saluit!

Cum Horatius devenisset, Freddus, cum suas dubitationes haberet, tamen inquit: "Ego de omnibus sum non tam certus, sed 25 manifeste *mendici deligentes esse non possunt. Ego tecum ibo, sed si *ire nimis durum erit factum, Sanctam Silvam ad pecuniam nuntium statim missurus sum. Numquam fui qui sine bonā causā patiar!"

"Ille est spiritus, vetus bone sodalis, ille est spiritus!" Hora- 30 tius hilare inquit. "E theatro effugisse etiam breve tempus tibi multum proderit. Recente tu multo nimis diligenter laboravisti. Post paucos dies in via aperta et aere aperto tu rursus *renasceris! Quidem tu eris *homo novus, cum illud sit paulo difficile, cum tu sis id quod es et diu fueris! Sed age! *Nostros pedes supplodamus, nos 35 abeamus!" Et statim ambo suos pedes supplodebant et abibant!

Dum Sanctam Silvam iter faciunt, Freddus multum malebat non recognosci, nam nolebat ut sua multa "flabella" fidelia cognoscerent suas delicias, illud lumen magnum et dives, trans pectus latum Americae errare, *egentes, ignotas. Quidem Freddus maxime *per- 40 turbaretur, si alicubi a suis "flabellis" recognosceretur! Manifeste Freddus noster non erat unus ex hominibus humilibus.

Et Freddus *"secundum ibat", sed *"suos pedes trahebat!" Nam vero *habebat satis esse, nisi saltaret, nisi quem delectaret, etiam se! Sed Horatio illud iter omnino aliter est visum. Cum, ut 45 scimus, diu neque saltavisset neque quemquam delectavisset, noster porcus laetus, similis "pernae" quae is vero erat, alicubi, ullo tempore saltare et quemquam delectare, ullo tempore, alicubi, studebat.

Page 74   **NOTES**

duarum mentium: "of two minds" i.e. he was in doubt as to which of two courses to follow

ingenio duriore: "of sterner stuff" Descriptive Ablative

alte in porco: "high on the hog" i.e. very well indeed

de tuo....alto: "down from your high horse"; i.e. from being so proud, so haughty

quid homines....faciant: "What the simple folk do" Echoes the song of that title from *Camelot*, by Lerner and Lowe

melius attingere: "relate better (to)"

in suis....locis: "in their native habitat"

fricemus cubita: "let us rub elbows" i.e. let us mingle closely

Illotis Magnis: "the Great Unwashed" i.e. the Little People

Aeris-Linum: "Air Wick" A popular room deodorizer, not manufactured in the **ingens** size

eas ostende: "flaunt it" i.e. don't keep it hidden. Evokes fond memories of that giant among comedians, Zero Mostel

tantum divitior elephantus: "only a richer elephant" This statement is clearly out of character for our Fred and indicates his totally confused state of mind at this trying time.

Page 75

Contemplare lilia: *Matthew* VI, 28

Quinque Parva Pipera: Title of a popular children's book of an earlier age

Contemplare murem: Plautus *Truculentis* V, iv

Romani de elephantis....sciverunt: Pliny *N. H.* VIII, 10

ut efficias ut fiam trepidus: "for you to make me nervous"

nos: Reflexive Pronoun

gaudium et ludi: "fun and games"

Aeneae: Virgil *Aen.* I, 384

conditori illi—est reperienda: urbem condere: "to found a city" **urbem reperire:** "to find a city" A pun

mendici deligentes....possunt: "beggars can't be choosers" An old maxim

ire: Subject of **erit factum**

renasceris: "you will be born again" You will no doubt recall that Horace had himself earlier been born again.

homo novus: Of course Horace knows that Fred is really an elephant. It's just an expression!

Nostros pedes....abeamus: Echoes "Stomp Off, Let's Go," yet another New Orleans jazz favorite

egentes, ignotas Both agree with **delicias**

perturbaretur, si....recognosceretur: A Present Contrary-to-Fact Condition, indicating Fred's undue concern with his public image

secundum ibat: "he went along" Both literally and figuratively

suos pedes trahebat: "he was dragging his feet"; i.e. he went along, but very reluctantly

habebat satis esse: "he considered it enough"

76

CAPUT XXI.   *Gaudia Viae Apertae?*

Itaque uno die, cum oppido parvo appropinquabant, Freddus suum pedem magnum sustulit et *eum rursus deposuit. Nullis verbis incertis Horatio imperavit ne illo die in illo oppido parvo saltaret, ne se stultum faceret. Vero Freddus noster plus quam paulum irritatus erat quod putabat se ad Occidentalem multo tar- 5 dius adire. Et vero Horatius nullo modo contendebat. Itaque noster elephantus et mente et corpore erat maxime fatigatus hoc modo vivendi faciendique itineris. Freddus videlicet domi cum suis multis *"solaciis animalium" adesse plurimum malebat. Contra noster porcus laetus "tempus suae vitae habebat!"   10

Sed tandem Horatius ipse, cum esset tam laetus, tamen paulum irritatus fiebat perpetuis querimoniis Freddi et inquit: "Huc aspice, Fredde! Ego tuis perpetuis querimoniis paulum irritatus fio. Exempli gratia, qua re, *te rogo, me saltare non vis?"

Deinde Freddus, quod laeto spiritu Horati aeque irritatus 15 fiebat, aliqua cum contemptione, contra suam veram naturam, respondit: "Quod porci vero saltare non possunt! Si dei porcos saltare voluissent, alas ad eorum pedes addidissent!"

Triste est dicendum saepe cum elephantus irritatus iratusque sit, eum loqui multa quae vero non sint vera! Sed sic nos omnes 20 loquimur!

Videlicet haec Freddi ratio hac occasione omnino non erat logica, nam Horatius aequis cum logicis respondisse posset: "Et si dei elephantos saltare voluisset, addidissent alas non solum ad magnos planosque pedes eorum sed etiam ad *maximas partes 25 novissimas!" Feliciter Horatius noster hoc responsum non fecit — *Beati sunt pacifici, ubicumque eos reperis! — aut Freddus ad maiorem iram motus esset.

Sed cum Horatius bene sciat — Beati quoque sunt misericordes! — Freddum nostrum propter iter longum molestumque 30 quidem fieri fatigatissimum, non argumentatus est, sed tantum inquit:

"Sic *'Tempus venit, valrus inquit, ut nos de multis rebus diceremus, de calceis et navibus et cerā signatoriā, de brassicis et regibus, et qua re mare est fervidum et porcine alas habeant!' Sed 35 me, alatum aut alis carentem, Fredde, vetus sodalis, scis me ad saltandum esse natum! Scis me esse famosum Porcum Saltantem Cincinnatis, *illā famā super lumina notum! Ubique omnes consentiunt me esse porcum digitorum micantium! *Micate, Micate, Parvi Digiti! Et cum officium leniter susurrat: 'Tibi est saltandum!' deinde 40

77

porcus pius respondet: 'Saltabo!' Et nunc ego audio *officium susur-
rans, magnum et clarum! Itaque mi bone vetusque puer, mihi saltandum est!"

    Et cum bene sciret *actiones maiore voce dicere quam verba,
5 Horatius celeriter *factum atque verbum composuit. Statim, priusquam Freddus negaret, Horatius illo tempore et illo loco saltare
coepit, dum simul cantat:

      *Saltabimus hilare sarabandum,
      Hinc semisomne Samarcandum!

10   Cum Freddus ibi immotus et immovens tantum sederet,
Horatius rursus temptabat: "Veni, eque vetus! *'Si fuerit operae
pretium toto mundo potitum esse, puta, O puta esse operae pretium
eo quod sis nactus frui!' Surge, Fredde Grandis, surge! *Vita vero est
saltatio, et plurimi creduli miseri habent *duos sinistros pedes! Sed
15 nos, nos sumus eis credulis miseris dissimiles! Nos saltare possumus!
*Longe praestat esse gryllum quam formicam! *Nam cum Magnus
Planusque Pes Fati descendit, formica tarda ipsa plana fit, sed
gryllus e * 'damni viā' agiliter salit et *'suam hilarem viam it!' *Sic
nos eamus faciemusque item, nam sumus hilares grylli, non severae
20 formicae! Itaque per vitam saltemus, saltemus in perpetuum!
Memento, mi puer:

      *Salta tuas saltationes dum tibi licet,
      Vetus Tempus etiam volitat!

Surge, Fredde Grandis! Surge, surge et abi! *Salta et Canta, Canta
25 et Salta, Hae sunt Florae feriae — et nos duo sumus Florae Bacchantes aeterni!"

    Et rursus bene sciens actiones voce maiore validioreque
dicere quam ulla verba, rursus Horatius saltare coepit. Deinde
Freddus, qui nunc ipse surrexerat, et multi alii qui interim circum
30 nostros heroes convenerant, curiosi attractique ab impari pari —
quidem noster par non erat dissimilis illi famoso pari comoedorum,
*Lauro et Robusto — Horatium saltantem spectabant, omnibus
oribus apertis.

    Tandem, a turba crescente incitatus, maximo cum labore
35 noster porcus in aera saluit tam alte — *etiam altius quam elephanti
oculus — ut in Freddi lato tergo deveniret! Hoc viso, magna turba
rusticorum quae in illud medium oppidum parvum nunc convenerat
magno cum studio plaudebat. Quidem hoc erat aliquid novi in
eorum rustica experientia! Deinde unus e rusticis, multis rebus quae
40 tum gerebantur incitatus, coepit canere in fidibus violinae rusticae:
*"Ascultate Eum Avem Qui Alios Aves Imitatur!" Quod Freddus
tantum ibi stabat, Horatius in eius lato tergo vehementer saltare
coepit!

Sed cum quidem ungulae Horati tam acres essent et noster porcus tam vehementer saltaret, Freddus propter Horati ungulas acres magno dolore afficiebatur. Et quod vero arbitratus est se ambos agere similiter ac duos stultos, nunc Freddus ipse suos quattuor pedes in omnes partes iactare coepit. Plurimum volebat de suo 5 tergo Horatium decutire ut ambo ex illo oppido parvo rusticoque statim discedere possent.

Deinde is rusticus qui in fidibus violinae rusticae canebat, cum Freddum quoque salire vidisset, statim alium celerem cantum rusticum canere coepit: *"Impone tuam veterem mitram cinera- 10 ceam, cum taenis caeruleis in ea . . . ." Ei credas, brevissimo tempore tota via rusticis saltantibus complebatur, Freddo Horatioque in media turba! Erat mirabile visu!

Et Horatius, nunc magnopere excitatus, in Freddi lato tergo vibrante *Hibernicam saltationem levem saltare coepit, simul can- 15 tans summa voce illum veterem cantum Hibernicum:

> *Continebamus porcum in atrio,
> Continebamus porcum in atrio,
> Continebamus porcum in atrio-o-o-o!
> Nam is erat Hibernicus quoque! 20

Freddus noster, non est necesse ut dicam, propter suum praedicamentum et suam nimis publicam positionem cum gaudio non *saliebat, sed certe saliebat! Sed nullo modo hilarem Horatium decutire poterat! Sed tandem Horatius in Freddi capite lato ad sua genua se dimisit, bracchia in partes diversas iactavit, et suum caput 25 rursus rursusque submisit. Freddi caput erat *scaena splendida! Deinde Freddus callidus, postquam se vertit, subito consedit! De lato tergo sui sodalis callidi Horatius venustissime delapsus est, et "in suis pedibus devenit", etiam saltans!

Videlicet omnes spectatores suum plausum nunc geminave- 30 runt! Deinde Horatius, semper "perna", rursus rursusque suum caput submittebat et basia, multa milia basiorum, laetis rusticis iactabat.

Primo Freddus tantum erat iratus. Sed cum spectatores plaudere continuarent, deinde noster elephantus, *"suo naso longo pau- 35 lum ex articulo iacto" quod Horatius solus erat "centrum attractionis", ipse ad suos pedes se sustulit, ipse quoque saltare coepit! Videlicet saltare erat vero "in sanguine Freddi!" Certe scis vetus dictum de veteribus equis qui in igni exstiguendo auxiliantur? Non? *"Tu potes occludere stabulum postquam aliquis equum qui 40 in igni exstiguendo auxiliatur furatus est, sed tu non potes cogere elephantum ut bibat!" Errare est humanum, ignoscere rarum! Interim ludus rusticus continuabat.

NOTES

Page 77

eum (pedem) rursus deposuit: "he put his foot down" Both literally and figuratively i.e. he was adamant

solaciis animalium: "creature comforts" i.e. all those many things which provide physical pleasure to those who can afford them

te rogo: Parenthetical

maximas partes novissimas: "rear end"

Beati sunt pacifici: *Matthew* V, 9

Tempus venit....alas habeant: The wonderful "The Walrus and the Carpenter" from Lewis Carroll's: *Through the Looking Glass,* Chapter Four

illa fama....notum: Virgil *Aen.* I, 379

Micate....Parvi Digiti: Echoes "Twinkle, Twinkle, Little Star," from Jane Taylor's: "The Star"

Page 78

officium: "duty" Echoes R. W. Emerson's: "Voluntaries III" This stanza was once a favorite for moral teaching

actiones maiore voce....verba: "actions speak louder than words" An oxymoronic maxim

factum atque....composuit: "he fitted word to deed"; i.e. he did what he had said that he would do

Saltabimus hilare....Samarcandum: Henry Knibb's: "Out There Somewhere" Samarcand is a fabled Asian city, symbol of the exotic and mysterious.

Si fuerit operae pretium: "if it is worth the effort (to)" **Operae** is a Genitive of Price with **pretium.**

Vita vero est....pedes: Echoes the acute observation of Patrick Dennis' Auntie Mame in the film: *Auntie Mame:* "The world's a banquet, and most poor suckers are starving to death!" (Or words to that effect!)

duos sinistros pedes: Poor dancers are often said to have two left feet.

Longe praestat: "It is far better"

Nam cum Magnus....viam it: Echoes the fable of the Ant and the Grasshopper, the moral being that the thrifty ant survives the long winter on the food it has wasted the entire beautiful summer gathering, while the shiftless grasshopper, who has wasted the entire beautiful summer enjoying it, in the cold winter starves—unless down comes the Big Flat Foot of Fate! In that case, put your money on the shiftier, if shiftless, grasshopper.

damni via: "harm's way" A Navy expression meaning: "in danger" e.g. a great ship going into harm's way

suam hilarem viam it: "he goes his merry way"

nos eamus....item: *Luke* X, 37

Salta tuas saltationes....volitat: Echoes Robert Herrick's: "To Virgins To Make Much of Time"

Salta et Canta....Florae feriae: Echoes Henry Purcell's song: "Nymphs and Shepherds" from *The Libertine*

NOTES

Page 78

Lauro et Robusto: Stan Laurel and Oliver Hardy, the greatest of all the movie comedy teams

altius quam....oculus: Echoes "Oh, What a Beautiful Morning!" from *Oklahoma,* by Rodgers and Hammerstein

Ascultate Eum....Imitatur: "Listen to the Mocking Bird" A favorite 19th Century country fiddle tune

Page 79

Impone Tuam....Cineraceam: "Put on Your Old Gray Bonnet" Also a favorite 19th Century country fiddle tune

Hibernicam saltationem levem: "jig"

Continebamus Porcum....quoque: An Irish tune

saliebat: *N.B.:* not **saltabat**

scaenae: "stage"

suo naso....iacto: "his nose a bit out of joint" i.e. he was more than a little vexed

Tu potes occludere....ut bibat: A strange, even weird, confusion of several old maxims involving old fire horses, locking the stable door and leading a horse to water. What can it all mean?

CAPUT XXII.   *Gaudium Et Ludi In Regionibus Rusticis!*

Et hi rustici cum primum elephantum saltantem viderunt —
*Nonne vero est miraculum quod Freddus non recognitus est? —
propter suam laetitiam in *solo nunc se volvebant. Deinde is
rusticus qui in fidibus violinae rusticae canebat nunc canere coepit:
5 *"Peregrinator Ab Arkansate!" Statim Freddus Horatiusque, iterum iugum, sodales iterum, saltabant et saltabant dum suae vires
lassitudine deficere vero inciperent. Et cum laetum iugum finem
saltandi tandem fecisset, omnes qui spectabant summo cum studio
gaudioque plaudebant. "Iterum id facite!" una voce clamitabant.
10 "Iterum id facite!" Sed Horatius, modorum mundi peritus, statim
recognovit suam auream opportunitatem venisse! Horatius noster
quidem volebat multo magis habere pecuniam quam plausum, cum
hoc tempore nostris duobus peregrinatoribus multo nimis paulum
pecuniae esset. Itaque porcus noster coepit clamare: "Nolite plau-
15 dere! Nolite plaudere! Iacite pecuniam! Iacite multum pecuniae!
Eam amamus! Et hoc tempore habemus non multum eius!"

Statim alii spectatores discedebant — Sunt aliqui in omni
turba! — nam periti modorum televisionis, non libenter suam delec-
tationem pecuniā pensabant. Alii, sed pauci, minimi, cum bene
20 scirent etiam *actoribus aliqua de causa esse vescendum, multos
nummos ad pedes "Saltantium Duorum" proiciebant. Hi nummi
erant grandes gravesque, et unus ex eis — vero erat volumen nummorum, ut postea cognitum est — in caput Horati cedidit por-
cumque nostrum miserum magno dolore affecit.
25 Cum statim Freddus illud *"caput pingue" qui illud volumen
nummorum iecerat moneret *ne id iterum faceret, tamen idem
spectator, quo facilius nostros heroes feriret, volumina nummorum
ambabus manibus nunc proiciebat! Et haec volumina nummorum
Freddum Horatiumque magno dolore afficiebant. Itaque Horatius,
30 cum propter nummos qui in eius caput cadebant, similiter ac notae
*"guttae pluviae", nunc paulo stuperet, tamen remisit Freddum *qui
cognosceret *quid "caput pingue" facere conaretur.

Rursus Freddus illi eidem spectatori appropinquabat, rursus
ab eo quaerebat quid "in nomine Caeli" facere conaretur. Et ille
35 idem spectator risit et respondit: "Sed tantum ego facio id quod tuus
sodalis iussit! Nam inquiebat: 'Noli plaudere! Noli plaudere! Iace
nummos!' Et feliciter accidit ut ego ad tabernam argentariam adi-
rem, ferens multa volumina nummorum parvorum! Itaque cum
noster plausus manifeste non sit satis vobis duobus *"exemplaribus
40 pinguibus', et cum vos tam cupidi pecuniae esse videamini, omnia

82

haec accipite!" Et his verbis dictis, ille rusticus molestus vehementer proiecit aliud *volumen magnorum nummorum, quod volumen Freddum miserum directe inter eius oculos percussit! Feliciter Freddus volumine nummorum non graviter vulneratus est.

Sed nunc ictu novo indignoque iratus, Freddus suum nasum 5 longum *multis ex nummis qui in solo iacebat complevit, et statim ad spectatores eos nummos emittcre coepit! Nummis volantibus percussi, affecti magno dolore, nunc spectatores putabant Freddum plus pecuniae a se vero postulare! Statim igitur ceteros nummos suos deiecerunt, statim ipsi in omnes partes discurrebant ut nummos 10 volantes Freddi vitarent. Sic Freddus noster celeriter effecit ut tota area circum eum vacuefaceretur!

Hoc tempore ipso Horatius, cum nunc ab ultimo ictu qui in suum caput cecidcrat gradatim se reciperet, rursus saltare coepit! Puer, erat is stupefactus! Sed cum esset paulum stupefactus, tamen 15 Horatius noster erat fidelis Secundo Dicto Theatri: "Semper necesse est ut relinquas eos ridentes cum dicis: 'Valete!' " Itaque cum Horatius rideret extra, intro lacrimaret, etiam paulum utrimque stuperet, tamen porcus noster coepit saltare suam hilarissimam saltationem, suam famosam imitationem porci ebri qui in glacie ambulare 20 conatur. Simul noster porcus saltans cantabat: *"Mihi demonstra viam quā domum ire potero!" Suo cantu et sua saltatione simul confectis, mirabile dictu, Horatius, suis oculis opertis, plausum solitum exspectabat. Sed videlicet erat nullus plausus, nam erant nulli spectatores! Omnes aufugerant! 25

Nunc non iam mente captus, id est, non iam *"capite tactus" — nam *eis qui in negotio spectaculi sunt semper nullus plausus celerem "reactionem" fert — Horatius oculos nunc aperuit et circumspectavit. Nullus eum spcctabat! Totus locus erat vacuus, desertus! 30

Videlicet Horatius manifeste nescivit quae accidissent dum paulum stuperet. Sed cum noster porcus sapiens totam aream nummis tectam vidisset, statim scivit aliquid mirum accidisse dum paulum stuperet. Itaque, sine mora, laeto cum clamore Horatius hanc *"Mannam de Caelo" cogere coepit. Nam Horatius ex aspera expe- 35 rientia cognoverat pecuniam *omnibus multum prodesse, multis maximum prodesse, sed prodesse nemini magis quam porco et elephanto qui "in via" sint. Itaque magna cum celeritate Horatius nummos cogere coepit.

Freddus cum vidisset quid Horatius faceret, statim curiose 40 quaesivit: "Quid in nomine Caeli facis? *Cui opus est his paucis nummis parvis?"

Statim Horatius respondit: "Tace et coge! Nobis magnopere est opus his nummis, paucis aut multis, magnis aut parvis! Si Sanctam Silvam tolerabili tempore pervenire volumus, omnino est 45

necesse ut pecuniam habeamus. Mihi a te est persuasum ut pecunia infinita sit omnino necessaria viatori. *Ut dicunt in televisione, noli umquam sine ea domum relinquere! Igitur cogamus et abeamus! Labora, nam nox venit! Fac nihil, et totus mundus tecum nihil
5 faciet. Labora, et tu solus laborabis! Multae manus efficiunt ut labor sit levis! Multi pedes faciunt centipedam! Igitur, laboremus! Nam brevi tempore omnes illi rustici stulti revertentur, ululantes ferentesque bacula magna. Et, mihi credas, *timeo rusticos stultos magna bacula ferentes!"
10 "Qua re timeamus rusticos stultos magna bacula ferentes?" Freddus quaesivit, dum simul nummos cogit. Hīc est dicendum Freddo manifeste esse parvam scientiam mundi et eius rusticorum stultorum magna bacula ferentium!

"Tibi manifeste est parva scientia mundi et eius rusticorum
15 stultorum magna bacula ferentium!" Horatius inquit, industrie nummos cogens. "Si tibi haec scientia esset, pridem tuus pellis te certiorem fecisset quem usum suorum magnorum baculorum rustici stulti faciant, praesertim cum pecuniā suā deprivati sunt! Et hi rustici stulti suā pecuniā deprivati sunt! *Et Hades continet nullum
20 furorem similem rustico stulto qui suā pecuniā deprivatus est! Igitur cogamus hos nummos pulchros quam celerrime et quam celerrime hinc abeamus!"

Sed heu! Et heu rursus! Quidem complura decies centena milia heu-orum! Nam illo puncto temporis ipso illi rustici stulti
25 reverterunt, magna sua bacula ferentes, et Puer, erant irati! Clamitantes et ululantes, ad nostros duos heroes accurrebant, *molestiam in suis mentibus! Horatius cum primum illos rusticos stultos ferentes magna bacula appropinquantes vidit, Freddo clamavit: "Fredde, memento illud dictum vetus: 'Sunt mille viae problematis
30 dissolvendi! Aufugere est optimum!' Noli dubitare, noli morari! Nummos deice! Omnes nummos deice! Hac ratione sola ab his rusticis stultis magna bacula ferentibus effugere poterimus! Deice nummos statim et ad tuam vitam curre!"

Et nostri duo heroes, perterriti, nunc aufugerunt, nummos
35 post se spargentes, et Horatius erat rectus, omnino rectus! Cum nummos vidissent, omnes rustici stulti statim persequendo destiterunt! Et cum quisque vellet cogere quam plurimos nummos poterat, brevi tempore omnes rustici stulti inter se pugnabant, sed nunc suis magnis baculis inter se utebantor.
40 Et Horatius, ubi respexit, exclamare movebatur: *"Recordationes Iasonis et Lapidum Se Volventium! *Quidem nos semina magnae discordiae nostris parvis nummis hodie sevimus! Vero *pecunia est radix omnium malorum! Sed dum rustici stulti inter se pugnant, *nos hinc moveamus!"
45 Itaque rursus fugitivi effugerunt, sed rursus tantum "cute

84

suorum dentium!" Et currebant et currebant, dum tandem appareret eos esse salvos et sanos. Quidem, ubi de eo cogitas, nostri duo erant quidem illud perfectum iugum! *Horatius habet mentem sanam, Freddus sanum corpus!

Page 82   **NOTES**

Nonne vero est....recognitus est: But miracles do happen and wonders never cease!

solo: "ground"

Peregrinator Ab Arkansate: "The Arkansas Traveler" The best-known of all 19th Century country fiddle tunes

actoribus: Dative of Agent

caput pingue: "fat head" Self explanatory. Just look about you!

ne id....faceret: Noun Clause of Volition (Wishing) with **moneret**

guttae pluviae: Echoes "Rain Drops Keep Falling on My Head," the featured song in the film: *Butch Cassidy and the Sundance Kid*

qui cognosceret: Relative Clause of Purpose

quid—conaretur: Indirect Question

exemplaribus pinguibus: "fat types"

Page 83

volumen: Antecedent of **quod:** "a roll which"

multis: Ablative of Means

Mihi demonstra....potero: Echoes that old campfire favorite: "Show Me the Way to Go Home"

capite tactus: "touched in the head" i.e. a bit out of his mind

eis: Dative with **fert**

Mannam De Caelo: *Exodus* XVI. 4 & 31

omnibus multum prodesse: "benefits all greatly"

Cui opus est....parvis: Since he was a wealthy elephant, Fred had recently had little to do with small change.

Page 84

Ut dicunt....relinquere: Those ubiquitious American Express Traveler's Checks again!

timeo rusticos....ferentes: Echoes Virgil *Aen.* II, 49

Et Hades....deprivatus est: Echoes the familiar: "Hell hath no fury like a woman scorned!" William Congreve, *The Mourning Bride,* Act III, Sc. 8

Molestiam Sc. Habentes

Recordationes Iasonis....Lapidum Se Volventium: Echoes the action of the hero Jason who induced the warriors springing from the sown dragon's teeth to destroy each other by rolling a large rock into their midst. The Rolling Stones are a well-known rock group.

Quidem nos semina....sevimus: At the wedding of Peleus and Thetis, the goddess Discord, who had not received an invitation, rolled in a golden apple inscribed: "To the fairest!" The Trojan War ultimately resulted.

pecunia est....malorum: *I Timothy* VI, 10

nos: Reflexive Pronoun

Page 85

Horatius habet....corpus: Echoes the sound maxim: **Mens sana in corpore sano**

CAPUT XXIII. *Huc Atque Illuc Cum Nostris Heroibus, Aut California, Huc Veniunt!*

Postquam e manibus et a magnis baculis rusticorum stultorum effugerunt, breve tempus Freddus et Horatius, multum relevati, in solo anhelantes iacebant. Tandem Freddus inquit: "Horati, hoc habui! Vero hoc habui! Pecuniā carens, vexati a rusticis stultis
5 magnis baculis ferentibus — hoc modo Sanctam Silvam numquam perveniemus! Numquam decies centenis milibus annorum! Igitur Sanctam Silvam nuntium statim missurus sum ut aliquid pecuniae nanciscar, deinde Sanctam Silvam meo modo solito ibimus!"

"Felix sis!" Horatius inquit. "Quo pro pecunia usurus es?"
10 "Pecunia! Semper pecunia!" inquit Freddus. Surrexit et huc et illuc ambulabat. *"Pecunia! Vivere cum ea non possumus, vivere sine ea non possumus! *Ego veni ad finem ipsum mei funis! Omnia haec me e mea mente agunt! Ego rabidus fio, rabidus, audisne! *Ullo tempore aliquem, aliquid morsurus sum, etiam me!"

15 Et Freddus Grandis, quod vero ad finem funis pervenerat, se *ad terram deiecit et ibi iacebat, dum quattuor pedibus magnis nasoque longo solum pulsat et calcitrat et ululat!

"Desine agere similiter ac infans magnus!" Horatius inquit. "Quo modo agas si aliquid vero terribile tibi acciderit? Sed noli
20 umquam vereri, mi puer! Nos Sanctam Silvam perveniemus! Sed quo modo? Quo modo?" Et Horatius quoque surrexit et huc ac illuc ambulabat, arbitrans, semper arbitrans!

Sed hoc tempore ipso Freddus ipse Horatio viam demonstravit! Nam noster dulcis elephantus vetus, suā irā tandem tempe-
25 ratā, nunc tranquille dormiebat. Et noster dulcis elephantus vetus *ad infantiam redierat! Rursus erat elephantulus, nam in suum os magnum nunc suum pollicem magnum posuerat! Scisne quid "pollux" significet? Tibi est unus in utraque manu, spero!

"Illud est id!" Horatius laete clamavit. "In Sanctam Silvam
30 eundo nos pollice vetere utemur! Multo melius habere aureum pollicem quam confidere *mobili digito Fati! Expergiscere, dormiens formose! Sanctam Silvam ibimus et iter faciemus pollice vetere!"

*"Eritne satis spati in pollice vetere ad nos ambos?" Freddus
35 quaesivit paulo acerbe, suos oculos fricans. "Numquam antea iter feci pollice! Antea semper meis pedibus magnis planisque usus sum!"

"Satis iam!" Horatius respondit. "O Fredde, quidem tu es tam imperitus modorum mundi! Pollicibus nostris utemur ut car-

86

rum automobilem sistamus. Sanctam Silvam carro alicuius ibimus et eo ibimus, aliquo pensante!"

"Si nobis eundum est, illo modo ire optimum est!" Freddus inquit. "Semper maxime fruor itinere faciendo, cum aliquis pensat, in primis *res publica! In primis ego fruor illis *prandiis 'trium 5 martinorum', cum res publica pensat! Itaque *quid dicas, Horati, est mihi gratissimum, sed dic mihi, estne vero pollux vetus tam validus ut carrum automobilem sistere possit?"

"Tu *'meum crus tendis'," Horatius respondit. "Et video te quoque vidisse illam veterem picturam moventem, cui est titulus: 10 *'Accidit Una Nocte!' Sed maxime doleo neutrum nostrum habere crus satis pulchrum ut carrum automobilem sistere possit!"

"Crus meum est satis grande, forsitan est quoque satis pulchrum," Freddus inquit.

*"Tantum elephantae!" Horatius inquit. "Tantum elephan- 15 tae! Sed non est verisimile ut ulli elephantae carrum automobilem agenti occurramus! Itaque nostris pollicibus utemur et sperabimus nos *cor alicuius agentis carrum automobilem grandem tangere posse. Surge, surge et abi! Eamus ad viam publicam ubi multi carri automobiles ad Occidentem hoc tempore ipso se volvunt! Et Iuppi- 20 ter Pluvi, amabo, *noli pluere in nostra pompa!"

Itaque Freddus et Horatius, in via facitantes usum veteris pollicis, profecti sunt ad Occidentem, *ubi homines esse Viri dicuntur, ubi feminae hac de causa laetae esse dicuntur!

Brevi tempore ad viam publicam quae ad Occidentem duce- 25 bat pervenerunt. Nunc "altas spes habuerunt" aliquem suo carro automobili Sanctam Silvam celeriter et sine sumptu se vecturum esse. Dum ad viam publicam procedunt, Freddus, qui secum multum putaverat, subito inquit: "Vero inopia pecuniae est radix omnium malorum.! Hoc loco et hoc tempore sancte iuro me num- 30 quam rursus ea cariturum esse!"

"Sapienter et bene dixisti!" Horatius inquit aliqua cum ironia: *"Et luna e caseo viridi fit! Et est nullum negotium simile negotio spectaculi! Et totus mundus est scaena! Et quid praeterea est novum?"
35
Horatio omnino neglecto, Freddus, qui manifeste etiam cogitationes profundas cogitabat, iterum inquit et sapienter: "Una e mirabilissimis rebus de vita, mihi videtur, est quod pauperes, quibus maxime opus est pecuniā, sunt semper ipsi homines qui numquam eam habent! Qua re est illud, mi porce sapiens?"
40
"Sed nonne vides, mi docte elephante," Horatius respondit, "si pauperes pecuniam habuerint, deinde pauperes fore divites! Et si omnes homines essent divites, quibus divites homines dona magna darent ut se conservarent *ab acus oculo transeundo? Sed noli te cruciare, mi elephante misericors! *Semper sunt pauperes nobis- 45

cum, semper fuerunt, semper erunt! Est Secunda Lex Naturae: 'Divites magis divites fiunt, pauperes magis pauperes fiunt, sed *interim, in medio tempore, nonne 'gaudium habemus'! Sed satis de pauperibus! Qua re est inopia pecuniae nobis curae magnae? Nobis
5 est satis, etiam magis quam satis, pulchritudinis et valetudinis et firmitatis! Et eo tuos oculos verte! Ecce! Via publica, plena carrorum automobilium! Igitur *consistamus a dextro latere viae publicae et simus amici hominibus! Et speremus homines nobis amicos fore, in primis eos homines qui carros automobiles magnos agunt!"
10   Sed infeliciter Freddus et Horatius a dextro latere viae publicae diu consistebant, dum hominibus amici esse temptant, dum persaepe suis pollicibus magnum arcum familiarem faciunt, sed heu! frustra, semper frustra! Quidem omnes qui praeteribant eos laete salutabant, suum manum iactantes ridentesque, sed nemo constitit
15 ut nostros heroes tolleret. Videlicet nostri peregrinatores erant grandes pinguesque et plurimi ex carris automobilibus quidem erant parvi plenique hominum et rerum omnium generum.
     Tandem fatigati irritatique, etiam paulum irati propter hominum inhumanitatem animalium qui Sanctam Silvam pervenire
20 temptabant, Freddus et Horatius secundum viam publicam ambulare coeperunt. Post omnia quae acciderant, Horatio soli erat satis spiritus ad cantandum: *"Oscilla ad locum humilem, currus dulcis, veniens ut me domum ferat...." Quidem si Freddus hoc tempore cantavisset, sine ullo dubio cantavisset: *"Nemo scit molestiam
25 quam viderim, nemo scit meam tristitiam...." Nam Freddus noster quidem animo humillimus erat, contra Horatius etiam erat porcus laetissimus! Sed cum Freddum spectavit, quid viderit ei nullo modo placebat. Horatius nunc scivit aliquid sibi esse faciendum — et celeriter!

NOTES

Page 86

Pecunia! Vivere....non possumus: Echoes Martial VII, 47. There the operative word is not **pecunia!**

Ego veni....mei funis: i.e. I've had all I can stand

Ullo tempore: "Any time"

ad terram....ululat: The clinical details of a typical temper tantrum

ad infantiam redierat: "he had reverted to infancy" A common adult regression to escape reality

mobili digito Fati: "the Fickle Finger of Fate" A well-known and highly unpredictable digit. **Digito** is Dative with **confidere.**

Eritne satis....ambos: Throughout this exchange, Fred is being deliberately over-literal in his interpretations, partly because he has just been awakened and partly for mild sarcasm.

NOTES

Page 87

res publica: "the government" i.e. the taxpayers

prandiis trium martinorum: The scandalous three-martini luncheons considered fundamental to the transaction of business and therefore paid for by the government—i.e. the taxpayers—as a legitimate deductible business expense

quid dicas: Indirect Question, Subject of **est**

meum crus tendis: "You're pulling my leg!" i.e. you're making fun of me

Accidit Una Nocte: "It happened one night" Echoes the film by that title, one of the best comedies of the 1930's, well-remembered for the hitchhiking scene in which the heroine, lifting her skirt to reveal a shapely, if discreet, length of leg, brought a passing car to an immediate and screeching halt.

Tantum elephantae: "Only to a lady elephant!"

cor—tangere: "to touch the heart" i.e. to win compassion and therefore acquiescence. Echoes Virgil *Aen.* I, 462

noli pluere: Echoes "Don't Rain on My Parade" from *Funny Girl,* by Morrill and Styne

ubi homines....dicuntur: Echoes the familiar: "Out West, where men are Men." Especially applicable in the old frontier days, when men stayed in the East, while Men went West, often permanently!

Et luna e caseo....spectaculi: Horace now produces several pithy sayings that are equally cliches. **Luna e caseo:** John Heywood, *Proverbs* Pt. II, Chapter VIII; **nullum negotium:** from Irving Berlin's *Annie Get Your Gun,* now the theme song of show business; and **totus mundus:** *As You Like It* Act II, Sc. 7

ab acus oculo transeundo: *Matthew* XIX, 24

Semper sunt pauperes nobiscum: *Matthew* XII, 8

Page 88

interim, in medio tempore: "in the meantime, in between time"

consistamus a dextro latere....hominibus: Echoes S. W. Foss: "The House by the Side of the Road"

Oscilla ad locum....ferat: The spiritual: "Swing Low, Sweet Chariot"

Nemo scit molestiam....viderim: The spiritual: "Nobody Knows the Trouble I've Seen!"

CAPUT XXIV. *"Errantes Pueri" In Itinere!

Feliciter illo tempore ipso Horatius vidit pontem magnum quo ferrivia super viam publicam tollebatur et non multo post audivit tristem sibulum machinae ferriviariae. Statim Horatius, qui videlicet saepe antea carro ferriviario iter fecerat, adventum ordinis
5 carrorum ferriviariarum onera ferentium recognovit. Laete Freddo inquit: "Audisne illum tristem sibulum machinae ferriviariae appropinquantis, Fredde, vetus eque? Finem nostrarum molestiarum video! Ille currus dulcis quidem ad locum humilem nobis oscillat! *O dulces sunt usus rei adversae, quae, similiter ac bufo, informis et
10 venenatus, tamen in suo capite gemmam pretiosam gerit! Brevi tempore videbimus nostram bufonem appropinquantem! Ecce! Quid tibi dixi? Ibi est bufo noster! Et quoque est ibi nostra gemma appropinquans!"

Et verum est. Nam, cum iam advesperasceret, grandis
15 lucerna locata in fronte machinae ferriviariae nunc accensa erat!

"Et ecco quoque! Noster currus ad locum humilem oscillans!" Horatius continuavit. "Nunc surgamus, surgamus et abeamus! *Equo ferreo et sine sumptu nobis Sanctam Silvam ibimus!"

"Mea mater vetus semper inquiebat," Freddus paulo acerbe
20 inquit, *" 'Multitudo bufonum est osculanda priusquam filius regis erit repertus!' Et ego semper arbitrabar ferriviam esse magis bufonem quam gemmam! Rursus dico, multum malo volare Sanctam Silvam! Mihi volare quidem est gemma itineris faciendi!"

"Verte tuum tergum, amabo!" Horatius iussit. "Specta,
25 mater, nullae alae! Quam infortunatum! Sed cum volare non possimus, utamur magis plebeio modo itineris faciendi! Ille *ferriviarius ordo onerarius qui appropinquat nobis quam celerrime ascendendus est. Ille est solus modus quo Sanctam Silvam nunc sine sumptu pervenire possimus, nisi tu alas subito pullulaveris! Memento,
30 amabo, nobis nihil pecuniae omnino esse!"

Sed Freddus respondit: "Nullo tempore in mea tota vita ferriviarius ordo onerarius a me ascensus est, neque hoc tempore meae vitae coepisse in animo habeo! Ut supra dixi, cum iter ego facio, ego facio iter *omnes classes ducens! Et si carro ferriviario iter
35 facere cogor, soleo iter facere in meo *cubiculo privato et luxurioso! Aut volo similiter ac avis!"

*"Ecce! Est avis, est machina volans, est 'Super-elephantus!' Age, *Dumbo, ad ferriviam eamus!" Horatius inquit.

"Est *Iumbo, Iumbo, non Dumbo!" Freddus inquit. "Tecum

ibo, sed sum de eo non nimis laetus! *Meum cor in eo vero non est!"

"De tuo corde me non vexo!" Horatius inquit. "Est tuus magnus *"finis novissimus' qui me vexat. Tantum spero nos eum in ordinem onerarium tolle posse!"

*"Tu sustine tuum finem," Freddus inquit, "et ego meum 5 sustinebo!"

Cum ad ferriviam pervenisset, Horatius laete inquit: *"Facilis descensus Averno est, et non difficilis erit ascensus in carrum ferriviarium, etiam elephanto grandi! Eo specta!" Et Horatius digito suo indicavit."Ille turris est ad aquam ponendam in machinam 10 ferriviariam. Qua de causa ille ordo onerarius qui nunc appropinquat hīc consistet ut aquam addat, nam cisterna machinae est magna et sitim magnam habet!" Et Horatius parvum iocum ridebat, sed Freddus nullo modo confirmabatur.

"Dic mihi," Freddus quaesivit. "Quo modo in nomine Caeli 15 in illum ordinem onerarium nos tollere poterimus, praesertim cum nos ambo tam grandes pinguesque simus?"

"Noli te vexare!" Horatius respondit. "Erit facile! Cum ordo onerarius constiterit, *carrus similis arcae cui est ianua aperta nobis est reperiendus. Deinde in illum vacuum carrum similem arcae 20 ascendemus et abibimus! Sancta Silva, huc venimus!"

Sed *nondum Freddo erat persuasum ut *quid essent facturi vero tutum esset. Sed Horatius inquit: "Per Iovis nomen sanctum, desiste te cruciare! Alio modo aut alio, Deo volente, nos ambo in carrum similem arcae ascendemus! Sed videlicet sit necesse ut naso 25 longo te meque in illum carrum similem arcae tollas!"

O vaticinatorem vaticinationem veram vaticinantem! O meam animam vaticinantem! O meam sacram amitam! Ex oribus porcorum.... Sed quid erit, erit! Sic sit! Procedamus!

Et Horatius, dum adventum ordinis onerarii exspectant, 30 longurio ferreo consederat, sed Freddus secundum ferriviam vagabatur, non vero territus, sed paulum permotus quod nescivit quid exspectaret.

Tandem ordo onerarius pervenit constititque ad turrim aquariam, leniter inflans. Dum aqua in cisternam machinae influit, 35 Freddus Horatiusque secundum ferriviam contendebant, conantes reperire vacuum carrum similem arcae, cui erat ianua aperta, sed heu! frustra!

Et dum Freddus huc et illuc recurrit procurritque, dum vacuum carrum similem arcae reperire conatur, subito non procul 40 Horatius clamavit: "Huc veni, Fredde! Hic est locus! Festina! Festina! Noli *festinare lente! Hīc est carrus vacuus!" Et cum Freddus noster audivisset Horatium nostrum clamantem maxime, quam celerrime cucurrit et suum sodalem stantem ad vacuum carrum planum repperit. Nam erat nullus vacuus carrus similis arcae! 45

Primum Horatius Freddum in *carrum planum se tollere conantem patienter spectabat, deinde suum sodalem vehementer propellabat. Et tandem Freddus, suo naso longo suisque grandibus pedibus planis usus, maxima cum difficultate in illum carrum pla-
5 num se sustulit. Sed heu! Et heu! heu! Et heu! heu! heu! Noster Horatius, qui antea tam *sui certus fuerat, tam animi fidens, nunc, quod sua crura tam brevia erant, in illum eundem carrum planum nullo modo se tollere poterat!

Et ubi Freddus Horatium in carrum planum frustra se tollere
10 conantem vidit, fere amens, clamitabat: "Ascende! Ascende! Te tolle! Festina! Festina! Et noli tu ipse lente festinare! Ascendere huc potes, scis te posse! Ullo puncto temporis hic ordo onerarius se movere incipiet et tum ubi nos erimus, ego, hic, tu, ibi! Deinde vero *uterque utrique *ultimum 'Vale!' triste dicet! Hoc modo Sanctam
15 Silvam numquam perveniemus! Specta! Quid tibi dixi? Accidit omnino ut ego dixi! Ordo onerarius se movere coepit! Tibi statim est ascendendum! O Horati! Quid nos faciamus?"

Rursus heu! *Hīc heu! Ibi heu! Ubique heu! heu! O porcum miserabilem! Qua re, O qua re dei porcorum crura porcorum tam
20 brevia fecerunt? Vero *Superbia anteit Casum — et aliquando ante Ascensum! Vero si dei porcorum crura longiora porcis dedissent, hoc tempore Horatius in illum carrum planum facile se tollere potuit. Sed heu! Dei porcorum crura longiora porcis non dederant, Horatius se tollere non poterat! Forsitan putes hanc esse *"coniunc-
25 tionem commae", aut *"commae errorem", ut aliquando appellatur, sed vero est bonum exemplum Asyndetonis! Sed heu! heu! grammatici magistri, qui id omnino reiciunt, discipulis suis semper imperant: "Tu i, stulte, et 'Asyndeton' non amplius!" Nonne sunt magistri crudeles?

30 Itaque cum ordo onerarius se movere coepisset, Horatius secundum ferriviam cucurrit, clamitans: "Adiuva me! Fredde, adiuva me! Noli me relinquere! Noli me relinquere!" Sed ordo onerarius celeriter celeriterque nunc se movebat, Horatius frustra *pariter ire conabatur. Et ipso ultimo puncto temporis, cum ordo onerarius
35 Horatium gradatim *cursu superare incipiebat, Freddus, unā cum contentione ultimā, suo naso longo usus est, caudam tortuosam Horati comprehendit, et suum sodalem tutum in aera sustulit!

Brevissimum tempus Freddus Horatium ibi in aere sustinebat, leniter huc ac illuc oscillantem. Deinde suum sodalem in carrum
40 planum leniter deposuit. Ibi Horatius breve tempus iacebat, vehementer anhelans. Unum verbum non dixit, nam quidem *e periculo post manendi, dum suus sodalis procedit, summa cum difficultate erat ereptus. Vero fuerat "res propinqua"!

NOTES

Page 90

Errantes Pueri: "The Rover Boys," heroes of a popular and endless series of books for boys with that basic title

O dulces sunt usus....gerit: *As You Like It,* Act I, Sc. 2

Equo ferreo: "By iron horse". "Iron Horse" was the old Western term for the railroad engine.

Multitudo bufonum....erit repertus: Commonplace in fairy tales is the prince turned into a frog who can be restored to manly form only by a maiden's kiss. Less desirable princes were turned into toads and generally attracted a less desirable class of maidens.

ferriviarius ordo onerarius: "freight train"

omnes classes ducens: "first class"

cubiculo: "sleeping compartment" Now a minimal sleeping accommodation provided by Amtrak, often strikingly illustrative of the old saying: "An iron fist in a velvet glove!"

Ecce! Est avis....Super-elephantus: Echoes the well-known Superman sighting call

Dumbo: Walt Disney's flying elephant The pun is upon "Dumb."

Iumbo: Jumbo was P. T. Barnum's huge elephant.

Page 91

Meum cor....non est: "My heart is not in it" i.e. I'm not enthusiastic about it

finis novissimus: "rear end"

Tu sustine tuum finem: "You hold up your end" i.e. you do your part

Facilis descensus Averno est: Virgil *Aen.* VI, 126

carrus similis arcae: "box car"

nondum Freddo persuasum erat: "Fred had not yet been persuaded". Since **persuadere** is not a transitive verb in Latin, it has no true passive; it can therefore be used only in the Impersonal Passive.

quid essent facturi: Indirect Question, Subject of **esset, Facturi essent** is an Active Periphrastic.

festinare lente: Festina lente is a favorite Roman oxymoronic proverb: "Make Haste Slowly!"

Page 92

carrum planum: "flat car"

sui certus: "sure of himself"

uterque utrique "each to the other"

ultimum 'vale': the final ritual farewell said only to the dead

Hic heu....Ubique heu! heu!: Echoes the familiar refrain from "Old MacDonald Had a Farm"

Superbia Anteit Casum: The usual misquote of *Proverbs* XVI, 18

coniunctionem commae: "comma splice"

commae errorem: "common fault"

Tu i, stulte, et 'Asyndeton' non amplius: "Go, you idiot, and 'asyndeton 'no more!" Echoes *John* VIII, 11 A pun

pariter ire: "to keep up"

cursu superare: "to pull away from"

e periculo post manendi: "from the danger of being left behind"

CAPUT XXV. *Fabula Caudae. Finis Est In Conspectu!*

Ubi Horatius paulum se recepit, Freddo gratias meritas ad suam vitam conservandam egit et duo sodales magna cum laetitia dextrae dextram adiunxerunt.

Sed ubi tandem accidit ut Horatius suam caudam, quae nunc
5 se aliquo dolore afficiebat, respectaret, noster porcus statim est stupefactus! Et propter bonam causam! Ei credas, eius cauda, antea tam pulchra grataque, non iam tortuosa erat, eius cauda erat directa et flacca! Hīc est aliud exemplum Asyndetonis! Sed bono animo es! Feliciter non saepe sunt fatalia!
10 O *illacrimate caudam Horati miseri, omnes vos mollis cordis—et capitis! Heu! Heu! O porcum miserum! O porcum miserabilem! O porcum distortum! O porcum pium! *Hic pietatis est honor? Quid enim proderit porco nactum esse mundum universum, si simul suae caudae tortuosae detrimentum passus erit? Et vero ulli
15 porco cauda directa est cauda amissa! Et *quis mittat suas margaritas ante porcos, dum simul post eorum terga caudas eorum corrigit? Sed noli conari comprehendere modos deorum ad porcos! Vero *magno dolore capitis afficiēris!

Videlicet cum vidisset suam caudam pulchram gratamque
20 non iam esse tortuosam, sed directam et flaccam, mihi credas, Horatius non erat laetus, erat iratus, et simul tristis! Suam caudam flaccam directamque torquere iterum iterumque conabatur, sed frustra, omnino frustra! Deinde Freddus noster, cui erat plus scientiae caudarum directarum, cum caudae elephantorum semper direc-
25 tae fuerint, monuit Horatium ne se vexaret neve nimis tristis esset. Etiam iocum parvum fecit: "Noli te vexare! Omnia ad finem correcte evenient, tuo fine non excepto!"

Sed Horatius nullo modo ioco parvissimo Freddi delectabatur aut confirmabatur, nam videlicet erat eius cauda et eius finis
30 qui tam infeliciter afficiebatur. Erat facile Freddum haec dicere. Erat non eius cauda, non eius finis! Si Freddi cauda subito tortuosa facta esset, deinde *"calceus in altero pede infuisset!"

Hīc est dicendum Horatium plurimum malle ut sua cauda sit tortuosa, nam ab origine temporis omnes porci caudas tortuosas
35 haberunt. Igitur porcus qui non habet caudam tortuosam est porcus qui problema habet, problema grande!

Tandem Freddus, fatigatus omnibus suis contentionibus et querimoniis sempiternis Horati, qui suam caudam amissam dolebat, obdormiebat. *Et quid est melius, quam in vitae mediis laboribus incommodisque statim obdormire?

Interim ordo onerarius altos montes, nomine Montes Saxosos, nunc ascendebat, et *machina ferriviaria parva inflabat: "Puto me posse! Puto me posse! Puto me posse!" 5

Paulo post Freddus, dum dormit, maxime stertere coepit, quod eius nasus erat longissimus, quidem similis cornu longo, ut supra vidimus. Contra Horatius miser ibi sedebat, dolens suam amissam caudam tortuosam et saepe se quaerens: "Qua re me? Quid nunc faciam? Quo modo, meā caudā directā et flaccā, coram omni- 10 bus meum caput, aut meam caudam pulchram, erigere potero?"

Et per noctam sibulus machinae respondebat: "Cauda tortuosa? Cauda directa? Cauda tortuosa? Cauda directa? Cui est id curae? *Cauda est cauda est cauda est...."

Et his verbis auditis, Horatius leniter lacrimare coepit. "Cui 15 est id curae?" inquit. "Mihi, mihi est id curae! Mihi id est *meae maximae curae! Nam, dic mihi, quae pulchra porca possit amare porcum qui habet caudam directam?" Et rotae ordinis onerarii respondebant: *"Nulla porca! Nulla porca! Nulla porca...."

"O redi ad 'Puto me posse!' " Horatius morose inquit et, 20 mirabile auditu, statim illa parva machina quae conabatur rediit ad "Puto me posse!" Quam affabilis erat illa parva machina!

Hoc tempore ipso, omnibus inscientibus, non procul secundum ferriviam filum quod vim electricam, multum vis electricae, ferebat, nunc ceciderat! Illo tempore illud filum trans ferriviam 25 iacebat! Et illud filum erat vivum filum, quidem vivissimum filum!

Paulo post cum machina parva quae conabatur illud filum vivum transisset, videlicet illud filum vivum intercisum est! Et nunc unus finis fili secundum ferriviam iacebat et ille finis quoque erat quidem vivus! Et ubi ille planus carrus qui nostros heroes vehebat ad 30 finem illius fili vivi pervenit, forte cauda directa Horati de plano carro dependebat! Et cum cauda directa Horati quae dependebat finem illius fili vivi tetigisset, circuitus completus est! Et Horatius noster, tamquam si fulmine ictus, in aera viginti pedes saluit, fulgens similiter ac lumen clarissimum! 35

Et dum Horatius etiam in aere suspenditur, Freddus e suo somno ab Horatio clarissime fulgente excitatus est. Ubi super se vidit suum sodalem fulgentem similiter ac lumen clarissimum, statim Freddus clamavit: "Omen! Omen! Omen Optimum! Manifeste hoc omen a Caelo demissum est ut Horatium sursum mitteret, ut 40 praediceret Sanctae Silvae Horatium fore lumen clarissimum! *Nisi frustra augurium docuerunt mei parentes! Pater omnipotens, Magne Creator Porcorum, te oro, oro te maxime, hoc omen nobis confirma!"

Vix Freddus noster fatus erat, ubi cauda ipsius alterum finem 45

95

illius eiusdem fili vivi tetigit! Et Freddus Grandis quoque viginti pedes in aera saluit! Et Freddus Grandis quoque fulgebat similiter ac lumen clarissimum! Brevissimum tempus duo sodales in aere suspendebantur, inter se complecti! O quam mirandi sunt modi deo-
5 rum! Noli temptare eos comprehendere!

Deinde illi duo fulgentes se separaverunt et descenderunt, Freddus in suum "finem novissimum", Horatius in suum magnum ventrem pinguem, omnibus quattuor pedibus in omnes partes extensis! Breve tempus ibi sedebant et ibi iacebant, vero stupefacti! Fred-
10 dus primus se recepit, et ubi suum sodalem spectavit, rursus est stupefactus! Statim laetissime clamavit:

"Horati! Horati, sodalis vetus! Specta! Specta tuam caudam! Non iam est tua cauda directa! Rursus tua cauda est tortuosa, gratissime tortuosa! Nunc gaudeamus quod dei porcorum tibi tuam
15 pulchram caudam tortuosam reddiderunt! Vero potestas deorum porcorum est maxima! Beata sint nomina deorum porcorum!"

"Vis electrica non est tam infirma!" Horatius inquit. Deinde tarde et magna cum difficultate doloreque aliquo noster porcus se sustulit et suam caudam spectavit. Erat verum, erat verissimum,
20 omnino ut Freddus dixerat! Eius cauda, antea tortuosa, recente directa, nunc rursus erat pulchre grateque tortuosa! O diem hilarem! *O diem quo die infantes donaverunt, cum dimidiā Librā theae!

Et Horatius cum suam caudam vero esse rursus tortuosam vidisset, laetissimus, rursus vehementer in plano carro saltare
25 coepit. Brevi tempore altius altiusque saliebat. Deinde Freddus, quod veritus est ne suus sodalis de carro plano decideret, surrexit. Suo naso longo porcum vehementer salientem rapuit deposuitque eum non nimis leniter in carrum planum.

Cum noster Freddus non iam sederet, nunc eius cauda erat
30 visibilis! Et ei credas, illa eadem vis electrica quae directam caudam Horati tortuosam fecerat quoque fecerat directam caudam Freddi tortuosam similiter ac *"coclea ad corticem"! Nunc Freddus noster erat in illo eodem praedicamento quod Horatius antea fuerat! Puer, modi deorum sunt difficiles intellectu!
35 "Fredde! Fredde!" Horatius statim clamavit. "Tua cauda! Tua cauda! Tua cauda est tortuosa! Est tortuosa! Quam terribile! Quis est qui ullo tempore elephantum qui habeat tortuosam caudam viderit? O Fredde, quid facies? Quid facies?"

"Quid faciam? Gaudebo! Gaudebo maxime magnopere, illud
40 est id quod faciam!" Et Freddus Grandis in aera alte saluit et *suas quattuor calces inter se coegit! "Tu, sodalis vetus, *clavum in capiti percussisti!' Nemo nusquam numquam nullo tempore vidit elephantum qui caudam tortuosam habet! Sanctae Silvae ero *'sermo oppidi!' Ea est optima res quae mihi accidisse poterat! Fio! Ego
45 omnino fio! O diem hilarem! O hilarissimum diem! Quo modo volo

me meam caudam tortuosam videre posse! Estne pulchra? Quo modo volo me speculum ingens habere! Dic mihi, estne pulchra?"
*"Vel," Horatius inquit magno iudicio, *"praetervehetur! Sed *res pulchritudinis et gaudium sempiternum, *illud non est!"

Videlicet Horatius miser omnino erat perplexus! Id quod ei displicuerat Freddo immodice placebat! Sed memento! Numquam Sanctae Silvae noster porcus adfuerat! Porco nostro etiam multum erat cognoscendum!

Feliciter illo puncto temporis ipso, tamquam si tertium omen secundum acciderat, ordo onerarius montes altos, nomine Saxosos, superavit et statim descendere coepit. Et nunc tandem *illa parva machina quae conabatur magna cum laetitia celeritateque inflabat: "Scivi me posse! Scivi me posse! Scivi me posse!"

Et dum per noctem sic vehuntur, Freddus, laetissimus propter suam caudam novam tortuosamque, inquit: "Brevi tempore domi aderimus, tu et ego et mea nova cauda et tua vetus cauda! Brevi tempore Sanctae Silvae aderimus, ubi tandem erit finis omnium nostrarum molestiarum! (Puer, quo modo 'incorrectus' esse tu potes?) Ibi est mihi multum pecuniae et novum curriculum propter meam novam caudam! Ibi erit tibi, mi porce caudae tortuosae rursus, novum curriculum, curriculum gloriosum! Ibi laeti rursus erimus, sodales veri rursus, sodales inseparabiles rursus! Ibi erimus iugum optimum maximumque in omni negotio spectaculi! O Horati, *meum poculum vero superfluit!"

*"Tuum os non facit nimis malum opus," Horatius inquit somniculose. *"Desiste lente fervere! Nos habuimus diem longum et durum! Nobis nunc opus est somno. Bene dormi, tu elephante caudae tortuosae nunc!" Et Freddus amabilis lente fervere destitit et statim obdormiit.

Bene dormite, vos dulces filii regum! *Agmina volantia angelorum vos ad vestram quietem vehent, nisi nimis fessi eritis! Nam nostri heroes non sunt leves! Ite nunc et "Sanctam Silvam tempestate capite!" Sancta Silva vos meret!

Itaque ordo onerarius Sanctam Silvam laetos sodales dormientes vehebat, ubi manifeste multa nova miraque facinora duos heroes caudarum tortuosarum exspectabant.

Freddus et Horatius Sanctae Silvae simul, *Ambo ad Unum, Unus ad Ambos? Vero rursus mens titubat!

Sine ullo dubio illa est alia fabula, manifeste tortuosa!

NOTES

Page 94
illacrimate: Imperative, second person plural
Hic pietatis est honor?: Virgil *Aen.* I, 253
Quis mittat....ante porcos: Echoes *Matthew* XII, 6
magno dolore capitis: "a severe headache"
calceus in altero pede infuisset: i.e. he would have felt much differently
about the whole thing

Page 95
Et quid est melius....obdormire: Cicero's own observation:*Tusc.* I,
49, 177
machina ferriviaria...me posse: The stout initial assertion of the well-
known — *Little Engine That Could!*
Cauda est....cauda est: Echoes Gertrude Stein's "A rose is a rose is a
rose," from *Sacred Emily*
meae maximae curae: Echoes Virgil *Aen.* I, 678. **Curae** is Dative of
Purpose.
nulla porca....nulla porca: An outstanding example of onomatopoeia!
The wheels of the train passing over the cracks left at the joinings of
the rails produce such a sound! Well, almost!
nisi frustra....parentes: Virgil *Aen.* I, 392

Page 96
O diem quo....theae: "O, the day they gave babies away with a half-
a-pound of tea!" A nonsense song frequently sung—this line only—by
my mother-in-law, who had it from her mother. Anyone know anything
about this song? She didn't—and I don't!
coclea ad corticem: "corkscrew"
suas quattuor calces....coegit: "he clicked his heels together"
clavum in capiti percussisti: "you hit the nail right on the head" i.e. you
have stated your case truly and accurately
sermo oppidi: "talk of the town" i.e. his name will be on the lips of all

Page 97
Vel!: "Well!"
praetervehetur: "it will pass" i.e. it is fairly acceptable
res pulchritudinis....sempiternum: Echoes John Keats: *Endymion*, Book
I, line 1
illud non est: "that it ain't!"
illa parve machina: It is now "The Little Engine That Could!"
meum poculum vero superfluit: *Psalms* XXIII, 5
Tuum os facit nimis malum opus: "Your mouth is not doing too bad a job
(of running over)!" Remember, it had been a long and trying day for
Horace. Judge him not harshly.
Desiste lente fervere: "Simmer down!" i.e. stop talking
Agmina volantia....vehent: Hamlet again!
Ambo ad unum, Unus ad ambos: Fred and Horace are the Two Mus-
keteers!

VOCABULARY

The following abbreviations have been employed: abl. = ablative, acc. = accusative, conj. = conjunction, dat. = dative, f. = feminine, gen. = genitive, indecl. = indeclinable, indef. = indefinite, inter. = interrogative, interj. = interjection, m. = masculine, n. = neuter, part., = participle, pers. = person, personal, pl. = plural, prep. = preposition, pron. = pronoun, reflex. = reflexive, subj. = subjunctive.

a, ab *prep. + abl.* from, by; in, on

abduco, -ere, -duxi, -ductus lead off

abeo, -ire, -ii, itum go away, get away

abicio, -ere, -ieci, iectus throw away

abluo, -ere, -lui, -lutus wash

absens, -entis absent

absentia, -ae, f. absence

absum, -esse, afui, afuturis be away

abundanter, *adv.* copiously

accedo, -ere, cessi, -cessurus happen

accendo, -ere, -cendi, -census set on fire, light

accido, -ere, -cidi happened

accipio, -ere, -cepi, -ceptus receive, accept,

  benigne accipere welcome

accurate, *adv.* precisely, accurately

acer, acris, acre sharp

accurro, -ere, -curri, -cursum run to

acerbe, *adv.* sharply

acquiesco, -ere, -evi agree, say "yes"

acrobatus, -i, m. acrobat

actio, -onis, f. action

actor, -oris, m. actor

actus, -us, m. act (part of play); act (part of show bill)

acus, -us, f. needle

ad *prep. + acc.* to, toward; for; near, by

additicus, -a, -um extra

addo, -ere, -didi, -ditus add

adeo, -ire, -ii, -itum go to

adeps, -ipis m&f. fat

adicio, -ere, -ieci, -iectus throw at

adiungo, -ere, -iunxi, -iunctus join

adiuvo, -are, -iuvi, -iutus help

admiratio, -onis, f. admiration

admiror (1) wonder at, be astonished; admire

admissio, -onis, f. admission

admitto, -ere, -misi, -missus admit

adolesco, -ere, -olevi, -ultus grow up

adspecto (1) watch

adspiro (1) accompany (as musicians)

adsum, -esse, -fui be present

adulescens, -entis, m. young man

aduro, -ere, -ussi, -ustus burn

adventus, -us, m. arrival; approach

adversus, -a, -um opposite

  res adversa failure

adverto, -ere, -ti, -sus turn toward, direct

advesperascit, -ere *impers.* evening approaches

advolo (1) fly to

aedificium, -i, n. building

Aegeus, -a, -um Aegean

  Mare Aegeum Aegean Sea

aeger, -gra, -grum sick

aegrotatio, -onis, f. sickness, disorder

Aegyptianus, -i, m. gypsy

Aegyptus, -i, m. Egypt

Aeneas, -ae, m. Aeneas, Virgil's legendary founder of Rome

aeque *adv.* equally

aequus, -a, -um equal

aer, aeris, m. (*acc.* **aera**) air

aes, aeris, n. copper; brass

aetas, -atis, f. age

aeternus, -a, -um eternal, everlasting

aether, -eris, m. sky

affabilis, -e courteous, affable

afficio, -ere, -feci, -fectus affect; torture

affirmatio, -onis f. affirmation

affirmativus, -a, -um "yes"

affligo, -ere, -ixi, -ictus batter

ager, agri, m. farm

agilis, -e quick, fast

agito (1) + **se** rock, dance violently

agmen, -inis, n. column, line

ago, agere, egi, actus do, act, drive; perform

  ferias agere spend a holiday

  negotium agere transact business

officium agere mind one's own business

vitam agere live

ala, -ae, f. wing

alatus, -a, -um winged, having wings

albus, -a, -um white

alcoolicus, -a, -um alcoholic

alibi *adv.* elsewhere

alicubi *adv.* somewhere, anywhere

aliquando *adv.* at some time; sometimes

aliquantum, -i, n. something

aliqui, -qua, -quod some

aliquis, -qua, -quid someone, something.

aliquoties *adv.* several times

aliter *adv.* otherwise

aliter + ac + quam otherwise than, different from

allius, -a, -ud another; other

alii...alii some...others

alliteratio, -onis, f. alliteration: repeated initial sounds

alo, -ere, alui, alitus support

alter, -era, -erum another; other of two

altitudo, -inis, f. height

altus, -a, -um tall; high, as *noun:* the deep (sea)

amabilis, -e lovable, amiable

amarus, -a, -um bitter

amatrix, -cis, f. lover

ambo, -ae, -o both

ambulatio, -onis, f. walk; sidewalk

ambulator, -oris, m. stroller

ambulo (1) walk

amens, -ntis out of one's senses, mad

America, -ae, f. America

Americanus, -a, -um American

amica, -ae, f. lady friend

amicitia, -ae, f. friendship

amicus, -i, m. friend

amicus, a, -um +*dat.* friendly

amita, -ae, f. aunt

amitto, -ere, -misi, -missus lose

amo (1) love

amabo *interj.* Please!

amor, -oris, m. love

amoveo, -ēre, -movi, -motus remove, move away, take away

amplus, -a, -um great; renowned, illustrious

ampulla, -ae, f. bottle

anaphora, -ae, f. anaphora: repetition of initial words for emphasis

anas, anatis, f. duck

anatomia, -ae, f. anatomy

angelus, -i, m. angel

angiportum, -i, n. alley, aisle

angulus, -i, m. corner

angustiae, -arum, f. narrow opening, pass

angustus, -a, -um narrow

anhelitus, -us, m. gasp

anhelo (1) gasp

anima, -ae, f. soul

animadverto, -ere, -ti-, sus notice

animal, -alis, n. animal; creature

animosus, -a, -um spirited, full of spirit

animus, -i, m. spirit; soul; mind.

animo linquere faint

in animo habere intend

animi *loc. case* in mind

annus, -i, m. year

annuus, -a, -um annual

ante *adv.* before; *prep. + acc.* before, in front of

antea *adv.* before, previously

ante -eo, -ire, -ii, -itum go before

antequam *conj.* before

antiquus, -a, -um old

anxie *adv.* anxiously

anxius, -a, -um anxious, worried

aperio, -ire, -erui, -ertus open

apparatus, -us, m. apparatus

apparatus scaenae scenery (stage)

appareo, -ere, -ui, -iturus appear

appello, -ere, -puli, -pulsus drive

appello (1) call by name, name

appetentia, -ae, f. appetite

appropinquo (1) + *dat.* approach

apud *prep. + acc.* among; at; in the vicinity of

aquae, -ae, f. water

arbitror (1)   think
arbor, -oris, f.   tree
arca, -ae, f.   box; cell
arcanus, -a, -um   mysterious
arcus, -us, m.   arc, curve
area, -ae, f.   area
arena, -ae, f.   sand
argentarius, -a, -um   silver
   taberna argentaria   bank
argenteus, -a, -um   silver
argumentor (1)   argue
argumentum, -i, n.   proof
Arkansas, -atis, f.   Arkansas
arma, -orum, n.   arms
armentarius, -i, m.   cowboy
ars, artis, f.   skill, art
articulus, -i, m.   joint
artifex, -icis, m.   teacher
artificium, -i, n.   trade, craft
ascendo, -ere, -scendi, -scensus
   climb; board
ascensus, -us, m.   ascent; climb
asculto (1)   listen
asper, -era, -erum   hard, bitter;
   as *noun*   hardships
aspicio, -ere, -exi, -ectus   look at
assuetus, -a, -um   accustomed,
   customary
astrum, -i, n.   star
asyndeton, -is, n.   asyndeton: omis-
   sion of conjunctions
athleticus, -a, -um   athletic
atrium, -i, n.   parlor

atrox, -ocis   fierce, wild
attingo, -ere, -tigi, -tactus   touch;
   reach; relate to
attractio, -onis, f.   attraction
attraho, -ere, -traxi, -tractus   attract,
   draw
attribuo, -ĕre, -ui, -utus   attribute
audacter *adv.*   boldly, courageously
audeo, -ĕre, ausus sum   dare
audio, -ire, -ivi, -itus   hear
aufugio, -ere, -fugi   flee, run   away
augurium, -i, n.   prophecy
aura, -ae, f.   breeze
Aurelia, -ae, f.   Orleans, the city
aureus, -a, -um   golden
aurifoedina, -ae, f.   gold mine
auriga, -ae, m.   driver
auspicatus, -a, -um   favorable,
   auspicious
aut *conj.*   either
   aut...aut   either...or
autem *conj.*   however
automobilis, -e   self-propelling
   carrus automobilis   car,
   automobile
auxilior (1)   aid, help
auxilium, -i, n.   aid, help
ave! avete!   Hello!
Avernus, -i, m.   Avernus, underworld
avicidia, -ae, f.   bird-murder
avidus, -a, -um   eager
avis, avis m&f.   bird

B

bacchantes, -um, m&f.   revelers
bacillum, -i, n.   cane
baculum,, -i, n.   stick, club
banana, -ae, f.   banana
barba, -ae, f.   beard, whiskers
basio (1)   kiss
basium, -i, n.   kiss
beatitudo, -inis, f.   beatitude
beatus, -a, -um   blessed
bellum, -i, n.   war
bellus, -a, -um   pretty, handsome
bene *adv.*   well

beneficium, -i, n.   pension; kind-
   ness
benigne *adv.*   kindly
benignus, -a, -um   kind, good
bibo, -ere, bibi   drink
bis *adv.*   twice
bonus, -a, -um   good
bracae, -arum, f.   trousers, pants
bracchium, -i, n.   arm
bracteus, -a, -um   tinsel
brassica, -ae, f.   cabbage
Breius, -i, m.   Breius: for a mule, an
   onomatopoetic proper name

brevis, -e short; brief
bucina, -ae, f. trumpet
bucinus, -i, m. trumpeting
bucinator, -oris, m. trumpeter

bufo, -onis, m. toad
bulla, -ae, f. bubble
butyrum, -i, n. butter

C

Cadillac, -actis, n. Cadillac, a make of automobile
cado, -ere, cecidi, casum fall
caecus, -a, -um blind
caedes, -is, f. killing, slaughter murder
caedo, -ere, cecidi, caesus cut
caelestis, -e heavenly
Caelum, -i, n. Heaven
caeruleus, -a, -um blue
  as noun: caerulea, -orum, n. "blues"
cafeteria, -ae, f. cafeteria
calamitas, -atis, f. calamity, disaster
calceus, -i, m. shoe
calcitro (1) kick
calco (1) step on
calidus, -a, -um warm, hot
California, -ae, f. California
callidus, -a, -um expert; clever, tricky
calx, -cis, f. heel
canalis, -is, m. groove
canis, -is, m&f. dog
cano, -ere, cecini play, as a musical instrument
canto (1) sing
cantor, -oris, m. singer
cantus, -us, m. song
capillus, -i, m. hair
capio, -ere, cepi, captus take
capulus, -i, m. hilt of a sword
caput, -itis, n. head; chapter of a book
carcer, carceris, m. jail, prison
careo, -ēre, -ui, -iturus +abl. lack, be without
caro, carnis f. flesh
Carololus, -i, m. Charley
Carolus, -i, m. Charles

carpo, -ere, -psi, -ptus pick, pluck
Carson, -is, m. Carson, a proper name
carrus, -i, m. car; chariot
Carthago, -inis, f. Carthage
carus, -a, -um dear
caseus, -i, m. cheese
casus, -us, m. fall; case (of a noun)
caterva, -ae, f. group, crowd
cauda, -ae, f. tail
caupona, -ae, f. saloon, bar
causa, -ae, f. cause, reason; case, as in law
caustice adv. sharply
cavatus, -a, -um hollow
cavea, -ae, f. cage
caveo, -ēre, cavi, cautum beware
cedo, -ere, cessi, cessum yield, give in
celebritas, -atis, m&f. celebrity
celer, -eris, -ere swift, quick, fast
celeritas, -atis, f. speed
celeriter adv. quickly, speedily
cella, -ae, f. room
celo (1) conceal
censor, -oris, m. critic
centenus, -a, -um a hundred times something
centipeda, -ae, m&f. centipede
centrum, -i, n. center
centum hundred
cera, -ae, f. wax
Cerberus, -i, m. Cerberus, the three-headed dog that guarded the entrance to Hades
certamen, -inis, n. contest
certe adv. certainly
certo adv. well!
certus, -a, -um certain, sure
  certiorem facere inform
ceteri, -ae, -a rest, others
cetus, -i, m. whale

c(h)anto (1) chant
c(h)antus, -us, m. chant
c(h)aritas, -atis, f. charity
chasma, -atis, n. chasm
chiasmus, -i, m. chiasmus: an a:b
  b:a arrangement of words
chili, -orum, m. chili
chorus, -i, m. choir, chorus
cibus, -i, m. food
Cincinnati, -orum, f. Cincinnati, a
  city in Ohio
cinema, -ae, f. cinema
cineraceus, -a, -um gray
Circensis, -e Circus
  (ludi) Circenses circus
circiter adv. about, around
circuitus, -us, m. circumference;
  circuit
circulus, -i, m. circle; ring; hoop
circum adv & prep + acc. around
circumeo, -ire, -ii, -itum go
  around
circumspecto (1) look around
circumvenio, -ire, -veni, -ventum
  surround
cisterna, -ae, f. tank
cithara, -ae, f. guitar
civis, -is, m. citizen
clamito (1) shout, keep shouting
clamo (1) call, shout
clamor, -oris, m. cry; shouting
clarus, -a, -um clear; famous
classis, -is, f. class, division
clavus, -i, m. nail
clementer adv. mercifully
climax, -acis, f. climax
coclea, -ae, f. screw
codex, -icis, f. code
coepi, -isse, coeptus begin
cogitatio, -onis, f. thought
cogito (1) think; intend
cognosco, -ere, -novi, -notus learn
cogo, -ere, coegi, coactus collect,
  gather, force, compel
cohors, -rtis, f. gang
cohortor (1) urge, exhort; encour-
  age
collabor, -i, -lapsus collapse,
  crumble

collectus, -a, -um "collected"
collegium, -i, n. college
colloco (1) locate, place; invest
colloquium, -i, n. conference
colloquor, -i, collocutus confer,
  talk
collum, -i, neck
color, -oris, m. color
columba, -ae, f.. pigeon
columna, -ae, f. column (of a
  newspaper)
coma, -ae, f. hair
comma, -ae, f. comma
commentum, -i, n. figment,
  invention
commode adv. conveniently
commotio, -onis, f. commotion
communico (1) share; join
comoedus, -a, -um comic
  as noun: comedian
complector, -i, complexus embrace
compleo, -ēre, -evi, -etus complete,
  finish
  manum complere draw (a pistol)
complodo, -ere, -si, -sus applaud,
  clap
complures, -a several
compono, -ere, -posui, -positus
  match, fit
comprehendo, -ere, -di, -sus take,
  seize; arrest; realize
comprimo, -ere, -pressi, -pressus
  squeeze
compungo, -ere, -nxi, -nctus
  puncture
  acu compungere tattoo
conatus, -us, m. attempt, effort
concedo, -ere, -cessi, -cessum
  concede
concrepo, -are, -pui, -pitus snap
concursatio, -onis, f. coincidence
concurso (1) run around, run about
condicio, -onis, f. condition
conditor, -oris, m. founder
conduco, -ere, -duxi, -ductus hire
conductor, -oris, m. leader of an
  orchestra
Confoederatus, -a, -um
  Confederate

confero, -ferre, -tuli, -latus + se go
conficio, -ere, -feci, -fectus finish
confido, -ere, confisus sum trust, be confident, believe
confirmo (1) strengthen; confirm; reassure
confugio, -ere, -fugi flee, take refuge
conicio, -ere, -ieci, -iectus guess
coniectura, -ae, f. guess
coniunctio, -onis, f. splice
coniungo, -ere, -iunxi, -iunctus join
conor (1) try, attempt
consentio, -ere, -sensi, -sensus agree
consequor, -i, -secutus catch up with, overtake
conservo (1) save
consido, -ere, -sedi, -sessus sit, sit down
consilium, -i, n. plan, advice
consisto, -ere, -stiti, -stitus stop; stand
conspectus, -us, m. sight, view
conspicor (1) see
constituo, -ere, -ui, -utus station; decide
consulo, -ere, -lui, -ltus + *dat.* look out for
consumo, -ere, -sumpsi, -sumptus spend
  tempus consumere waste time
contemplor (1) observe, consider
contemptio, -onis, f. contempt
contendo, -ere, -di, -tentus hurry, hasten
contentio, -onis, f. effort
contineo, -ēre, tinui, -tentus hold, restrain, keep
continuo (1) continue
contra *adv.* on the contrary, on the other hand
  prep. + acc. against
controversia, -ae, f. quarrel, dispute
contumelia, -ae, f. insult
contumeliosus, -a, -um insulting
convenio, -ire, -veni, -ventum meet, assemble

cor, cordis, n. heart
coram *adv.* present, in person
  prep. + abl. in the presence of
cornu, -us, n. horn
corpus, -oris, n. body
correcte *adv.* all right
corrigo, -ere, -rexi, -rectus straighten, make straight
cortex, -icis, m&f. cork
cothurnus, -i, m. boot
cottidie *adv.* daily, every day
coxendix, -icis, f. hip
cras *adv.* tomorrow
creator, -oris, m. creator, maker
creber, -bra, brum numerous, repeated, thick
credo, -ere, -didi, -ditus + *dat.* believe
credulus, -a, -um trusting
  as *noun*: "sucker"
creo (1) produce, make, create
crepitus, -us, m. patter
crepo, -are, -ui, -itus rattle
crepusculum, -i, n. twilight
cresco, -ere, crevi, cretus grow
crimen, -inis, n. charge (in law); crime
crocodilus, -i, m. crocodile
cruciatus, -us, m. torture, torment, pain
crucio (1) torture, torment
crudelis, -e cruel, hard, unfeeling
crus, cruris, n. leg
cubiculum, -i, n. bedroom; sleeping compartment
cubitum, -i, n. elbow
culpa, -ae, f. fault
cum *prep. + abl.* with
cum, *conj.* when; since, because; although; whenever
cum primum *conj.* as soon as
cupiditas, -atis, f. desire, passion
cupidus, -a, -um eager, desirous
cupio, -ere, -ivi, -itus wish
cur *adv.* why
cura, -ae, f. care, concern
curator, -oris, m. agent
curiosus, -a, -um curious

curriculum, -i, n. career
curro, -ere, cucurri, cursum run, hasten
currus, -us, m. chariot
cursus, -us, m. course; running
  cursu at a run **cursus honorum** succession of honors

custos, -odis, m. guard
cutis, -is, f. skin
cylindrus, -i, m. cylinder
cymbalum, -i, n. cymbal

D

damnum, -i, n. loss, harm
  via damni harm's way
dativus, -a, -um dative
de *prep + abl.* from; about, concerning
debeo, -ēre, -ui, itus owe, ought
decem ten
decido, -ere, -cidi fall off
decies *adv.* ten times a number
decimus, -a, -um tenth
declamatio, -onis, f. declamation
declinatio, -onis, f. declension
decor, -oris, m. grace
decus, -oris, n. glory, pride
decutio, -ire, -cussi, -cussus shake off
dedo, -ere, -didi, -ditus surrender, give up
defendo, -ere, -di, -sus defend, guard
defero, -ere, -tuli, -latus bring down
deficio, -ete, -feci, -fectus fail
definitio, -onis, f. definition
deicio, -ere, -ieci, -iectus throw down
deiectus, -a, -um dejected
deinde *adv.* then, next
delabor, -i, -lapsus slip
delectatio, -onis, f. amusement; entertainment
delecto (1) amuse, entertain, delight
deleo, -ēre, -evi, -etus destroy
delicatus, -a, -um delicate
deliciae, -arum, f. delight; darling, sweetheart
deligo, -ere, -legi, -lectus choose, select

demitto, -ere, -misi, -missus send down; bend, stoop
  caput demittere bow
Democraticus, -a, -um Democratic
demonstro (1) show, point out
demordeo, -ēre bite off
dens, -ntis, m. tooth
dependeo, -ēre hang, hang down
depono, -ere, -posui, -positus put down
  Deponite! Down with!
depressus, -a, -um depressed, low
deprivo (1) deprive
derelictus, -a, -um abandoned, derelict
descendo, -ere, -di, -sus come down, descend
descensus, -us, m. descent
describo, -ere, -ipsi, -iptus describe
desero, -ere, -rui, -rtus desert
descrtus, -a, -um deserted
  locus desertus desert, wilderness
designator, -oris, m. usher
desino, -ere stop, cease
desisto, -ere, -stiti, -stitus cease, desist, give up
desolatus, -a, -um lonely
desperatio, -onis, f. despair
despero (1) despair, lose hope
destitutus, -a, -um destitute
desum, -esse, -fui lack, be wanting
detraho, -ere, -traxi, -tractus take off, take away
detrimentum, -i, n. loss
deus, dei, m. god
dexter, -tra, -trum right **dextra (manus)** right hand, right side
dico, -ere, dixi, dictus say
dictum, -i, n. saying, maxim

dies, -ei, m&f. day
difficilis, -e hard, difficult
difficultas, -atis, f. difficulty
diffundo, -ere, -fudi, -fusus spread
digitus, -i, m. finger
dignus, -a, -um + *abl.* worthy
dilemma, -ae, f. dilemma
diligens, -entis diligent, industrious; faithful
dimidium, -i, n. half
dimidius, -a, -um half
dimitto, -ere, -misi, missus send away, get rid of
   se dimittere lower one's self (physically)
directe *adv.* right, directly
director, -oris, m. director
directus, -a, -um straight
discedo, -ere, -cessi, -cessus depart, leave from, get out of
discipulus, -i, m. student, pupil
disco, -ere, didici learn
discordia, -ae, f. discord
discrimen, -inis, n. crisis
discurro, -ere, -curri, -cursum run off
displiceo, -ēre, -ui, -itum displease
disputatio, -onis, f. discussion
dissimilis, -e + *dat.* unlike
dissolvo, -ere, -solvi, -solutus dissolve; melt; solve
distinguo, -ere, -nxi, -nctus distinguish, tell apart
distortus, -a, -um disfigured
distribuo, -ere, -ui, -utus assign
   partem distribuere assign a part (in a play or movie)
disturbo (1) disturb
diu *adv.* for a long time
diuturnus, -a, -um long; long-term

diversus, -a, -um different
dives, divitis rich, wealthy
divine *adv.* divinely
divino (1) predict; guess
do, -are, dedi, datus give
doceo, -ēre, -ui, -ctus teach
doctor, -oris, m. teacher
doctus, -a, -um learned
doleo, -ēre, -ui, iturus grieve, be sorry; grieve for
dolor, -oris m. sorrow, distress, woe; pain
dolus, -i, m. trick
domicilium, -i, n. house; home
dominus, -i, m. lord; Mr.; "Maestro!"
domus, -us, f. house
donec *conj.* until
dono (1) give away
donum, -i, n. gift
dormio, -ire, -ivi, -itum sleep
draco, -onis, m. dragon
dubitatio, -onis, f. doubt; reservation
dubito (1) be in doubt; hesitate
dubius, -a, -um dubious, doubtful
   sine dubio without a doubt
duco, -ere, duxi, ductus lead; guide; escort
dulcis, -e sweet.
   As *noun*: candy
dum *conj.*+ *indic.* while
   + *subj.* until
Dumbo, -onis, m. Dumbo, Disney's flying elephant
duo two.
   As *noun*: duo
duodecim twelve
durus, -a, -um hard; rough; stern
dux, -cis, n. leader

E

e, ex *prep.* + *abl.* out of; from
Eboracum, -i, n. York, a city in England
ebrius, -a, -um drunk
educatio, -onis, f. education

educo, -ere, -duxi, -ductus lead out, take
educo (1) rear
Edvardus, -i, m. Edward
efficio, -ere, -feci, -fectus bring about, effect; make

108

effractor, -oris, m. burglar

effringo, -ere, -fregi,-fractus burgle

effugio, -ere, -fugi escape

effumigo (1) smoke out

egeo, -ēre, -ui be in want, need; need

egestas, -atis, f. need

ego I *plur.* **nos** we

egregius, -a, -um outstanding, extraordinary

egredior, -i, egressus go out, get out

egressus, -us, m. egress, exit

eho, *interj.* Hi ho!

eicio, -ere, -ieci, -iectus throw out

elabor, -i, elapsus slip away

elatus, -a, -um proud

electricus, -a, -um electric

vis electrica electricity

elegantia, -ae, f. taste, elegance

elephanta, -ae, lady elephant

elephantinus, -a, -um elephant, elephantine

elephantus, -i, m. gentleman elephant

elicio, -ere, ui entice

Elvis, -idis, m. Elvis, the latter-day Orpheus

emereo, -ēre, -ui, -itus earn

emeritus, -a, -um retired

emitto, -ere, -misi, -missus send out

glandes emittere shoot bullets

emo, -ere, emī, emptus buy

emoveo, -ēre, -movi, -motus move out, remove

emptor, -oris, m. buyer

eo, ire, ii, itum go

eo *adv.* to that place, there

epicus, -a, -um epic

eques, -itis, m. horseman *plur.* cavalry

equus, -i, m. horse

erectus, -a, -um "stand-up"

ericathus, -i, m. robin

erigo, -ere, -rexi, -rectus raise, life

eripio, -ere, -ipui, -eptus rip off; rescue

erro (1) ramble; rove

erro, -onis, m. ranger

error, -oris, m. fault, error

erubesco, -ere, -bui blush

erumpo, -ere, -rupi, -ruptus break through; erupt; burst

et *conj.* and

etiam *adv.* even; still

euax *interj.* hooray!

euge *interj.* bravo!

evenio, -ire, -veni, -ventum come out

evolo (1) fly out

exactus, -a, -um exact

excedo, -ere, -cessi, -cessum go out, get out

exceptio, -onis, f. exception

excipio, -ere, cepi, -ceptus except

excitatus, -a, -um excited

excito (1) rouse, arouse

exclamo (1) exclaim

excurro, -ere, -curri, -cursum run out

excuso (1) + **se** excuse oneself; apologize for

exemplar, -aris, n. type

exemplum, -i, n. type, example

exeo, -ire, -ii, -itum go out, depart, withdraw

exercitatio, -onis, f. exercise

existo, -ere, -stiti exist

exitus, -us, m. exit

exlex, -legis *adj.* outlaw. as *noun* outlaw

expello, -ere, -puli, -pulsus drive out

expergiscor, -i, -perrectus wake up

experientia, -ae, f. experience

experior, -iri, expertus try, experience

explano (1) explain

exsilio, -ire, -ui leap up, spring forth

exspectatio, -onis, f. anticipation

exspecto (1) wait for; bide

exstinguo, -ere, -nxi, -nctus extinguish, put out

extendo, -ere, -tendi, -tensus extend

extra *adv.* on the outside *prep.* + *acc.* outside of, beyond

extraho, -ere, -traxi, -tractus pull
out, draw forth

extremus, -a, -um last
ad extremum in the end

F

fabrico (1) make
fabula, -ae, f. tale, story
facies, -ei, f. face
facilis, -e easy
facilitas, -atis, f. ease
facinus, -oris, n. adventure
facio, -ere, feci, factus make, do
lumen facere *trans.* star
factio, -onis, f. party
facito (1) practice
factum, -i, n. deed
fallo, -ere, fefelli, falsus disappoint
falsum, -i, n. falsehood
fama, -ae, f. fame
familia, -ae, f. family
familiaris, -e familiar
as *noun* pal, buddy
famosus, -a, -um famous
fatalis, -e fated, destined; fatal
fatigatus, -a, -um weary, worn-out
fatigo (1) weary, tire
fatum, -i, n. fate
fauces, -ium, f. jaws
faveo, -ēre, favi, fautum + *dat.*
favor
feles, -is, f. cat
feliciter *adv.* fortunately, happily
felinus, -a, -um cat
felix, -icis lucky, fortunate
femina, -ae, f. woman
femineus, -a, -um female, feminine
fenestra, -ae, f. window
fere *adv.* almost
feriae, -arum, f. holiday
ferio, -ire hit
fero, ferre, tuli, latus carry
ferox, -ocis fierce
ferreus, -a, -um iron
ferrivia, -ae, f. railroad, railway;
railroad track
ferriviarius, -a, -um railway,
railroad
ferveo, -ēre boil

fervidus, -a, -um fiery; raging;
hearty; "boiling hot"
fessus, -a, -um tired, exhausted
festino (1) hurry
festivus, -a, -um funny
fidelis, -e loyal, faithful
fidens, -entis confident
fides, -ei, f. credit
fides, -is, f. string (of a musical
instrument)
fido, -ere, fisus sum + *dat.*
trust
fidus, -a, -um loyal, faithful
filia, -ae, f. daughter
filius, -i, m. son
filum, -i, n. wire
findo, -ere, fidi, fissus split
finio, -ire, -ivi, -itus finish, end
finis, -is, m. end
fio, fieri, factus sum
pass. of **facio** become
firmitas, -atis, f. strength
fissura, -ae, f. crack, nook
flabellum, -i, n. "fan"
flaccus, -a, -um limp
flavus, -a, -um yellow
flecto, -ere, flexi, flectus bend
flo (1) blow
Flora, -ae, f. Flora, goddess of
flowers
flos, -oris, m. flower
fluito (1) float
flumen, -inis, n. stream; river
flumineus, -a, -um river
fluo, -ere, fluxi, fluctus flow
foedo (1) foul
fons, fontis, f. source
for, fari, fatus sum say, speak
foramen, -inis, n. hole
foras *adv.* out, outside, outdoors
fore = **futurus, -a, -um esse**
foris, -is, f. door *plur.* door
formica, -ae, f. ant

110

formosus, -a, -um beautiful
  as *noun:* beauty
forsitan *adv.* perhaps
forte *adv.* by chance
fortis, -e strong; brave
fortuna, -ae, f. fortune
fragmentum, -i, n. fragment
frango, -ere, fregi, fractus break
Freddus, -i, m. Fred
frequento (1) attend (a college)
frico, -are, fricui, frictus rub
frigidus, -a, -um cold
frigisculum, -i, n. "cool"
frigus, -oris, n. cold
frons, -ntis, f. front
  a fronte in front
fruor, -i, fructus + *abl.* enjoy
frustra *adv.* in vain
frustratio, -onis, f. frustration

frustror (1) disappoint, frustrate;
  be disappointed
fugio, -ere, fugivi flee
fugitivus, -i, m. fugitive
fulgeo, -ēre, fulsi shine; glitter;
  glow
fulmen, -inis, n. lightning
fumus, -i, m. smoke
fundo, -ere, fudi, fusus pour
funebria, -ium, n. funeral
funis, -is, m. rope, line
fur, furis, m. thief
furcifer, -eri, m. gangster
furo, -ere, -ui rage, rave
furor (1) steal
furor, -oris, m. rage, fury
furtim *adv.* stealthily, furtively
futurus, -a, -um future, to come

G

gaudeo, -ēre, gavisus sum rejoice,
  be happy
gaudium, -i, n. joy, delight; fun
gemino (1) double
geminus, -a, -um twin, two
gemma, -ae, f. jewel
gemo, -ere, -ui groan
gena, -ae, f. cheek
genitivus, -a, -um genitive
genu, -us, n. knee
genus, -eris, n. race; kind; form
geraefa, -ae, m. sheriff
gero, -ere, gessi, gestus do; wear
  pass. happen, go on
giganteus, -a, -um giant
gigas, -antis, m. giant
glacies, -ei, f. ice
glans, -ndis, f. bullet
globus, -i, m. group
gloria, -ae, f. glory
gloriosus, -a, -um glorious
Glotha, -ae, m. Clyde

gossypium, -i, n. cotton
gradatim *adv.* gradually
gradus, -us, m. step; rung of a
  ladder
gramineus, -a, -um grass
grammaticus, -a, -um grammar
grandis, -e big, large
grando, -inis, f. hail
grate *adv.* pleasantly
gratias agere thank
gratia *prep.* + *gen.* for the sake of
gratulor (1) congratulate
gratus, -a, -um dear, pleasing;
  grateful
gravis, -e heavy; serious, grave
graviter *adv.* gravely, seriously
  solemnly
Groucho, -onis, m. Groucho Marx
  a famous comedian
gryllus, -i, m. grasshopper
gusto (1) taste
gutta, -ae, f. drop

H

habena, -ae, f.   rein
habeo, -ēre, -ui, -itus   have, hold
habito (1)   live in
Hades, -is, f.   Hades
halitus, -us, m.   whiff
hamus, -i, m.   hook
   hamo capere   hook
hara, -ae, f.   pen, sty
Haroldus, -i, m.   Harold
Harvardus, -i, m.   Harvard College
haurio, -ire, hausi, haustus   swallow
Heius, -i, m.   Heius, proper name
Henricus, -i, m.   Henry
herba, -ae, f.   plant, grass
Herculeus, -a, -um   Herculean
heres, -edis, m.   heir
heros, -ois, m.   hero
heu! interj.   alas!
Hibernicus, -a, -um   Irish
hic adv.   in this place, here
hīc, haec, hoc   this
Hiericho, f.indecl.   Jericho
Hierusalem, f. indecl.   Jerusalem
hilare adv.   merrily
hilaris, -e,   happy, jolly, merry,
   cheerful
hinc adv.   from this place, from here
historia, -ae, f.   history
histrio, -onis, m.   actor
histrionia, -ae, f.   dramatic art, art
hodie adv.   today
   hodie mane   this morning

holus, -eris, n.   vegetable
Homerus, -i, m.   Homer, the Greek
   poet
homicida, -ae, m.   murderer
homo, -inis   man, person
honeste adv.   decently, honorably,
   respectably
honestus, -a, -um   respectable
   as noun: respectability
honor, -oris, m.   distinction; honor;
   reward
hootus, -i m.   "hoot"
hora, -ae, f.   hour
Horatius, -i, m.   Horace
horologium, -i, n.   clock
horribilis, -e   dreadful, horrible
horror, -oris, m.   horror
hortus, -i, m.   garden
hospes, -itis, m.   guest
hospitium, -i, n.   hotel
huc adv.   to this place, hither,
   here
humanus, -a, -um   human
humerus, -i, m.   shoulder
humi adv.   on the ground; "down"
humidus, -a, -um   damp
humiliatio, -onis, f.   humiliation
humilis, -e   low; lowly
   homines humiles   "little people"
humiliter adv.   low

I

iaceo, -ēre, -ui   lie
iacio, -ere, ieci, iactus   throw
Iacobus -i,m.   Jack
iacto (1)   throw
   manum iactare   wave a hand
iam adv.   now; already
   non iam   no longer
ianua, -ae, f.   door
Iason, -onis, m.   Jason, of Argonaut
   fame
ibi adv.   there, in that place
icio, -ere, ici, ictus   hit, strike
ictus, -us, m.   blow
112

idem, eadem, idem   same
idoneus, -a, -um + dat.   proper,
   suitable
igitur adv.   therefore
ignarus, -a, -um   ignorant of, not
   know
ignavus, -a, -um   cowardly
   as noun: coward
igneus, -a, -um   fiery
ignis, -is, m.   fire
ignominia, -ae, f.   dishonor
ignosco, -ere, -novi, -notus   pardon,
   forgive

ignotus, -a, -um   unknown
illacrimo (1)   weep for
ille, illa, illud   that
illiteratio, -onis, f.   "illiteration";
the unhappy state of being un-
learned
illotus, -a, -um   unwashed
illuc adv.   to that place, there
imaginatio, -onis, f.   imagination
imago, -inis, f.   image; vision
imitor (1)   imitate
immanis, -e   monstrous
immitto, -ere, -misi, -missus   send in
immoderate adv.   immoderately
immoderatus, -a, -um   outlandish,
outrageous
immodice adv.   excessively
immodicus, -a, -um   excessive,
outrageous
immortalis, -e   immortal
immotus, -a, -um   unmoved
immovens, -entis   unmoving
impar, -aris   unequal, dissimilar
impedimentum, -i, n.   block
impedio, -ire, -ivi, -itus   hold back
imperator, -oris, m.   general
imperatum, -i, n.   order
imperitus, -a, -um + gen.   unskilled
imperium, -i, n.   power; control
impero (1)   order, direct
impono, -ere, -posui, -positus
place; put on
imprimo, -ere, -pressi, -pressus
print
improbus, -a, -um   wicked, evil
improviso adv.   unexpectedly
imus, -a, -um   bottom of
in prep. + acc.   into.
prep. + abl.   in, on
inauditus, -a, -um   unheard of;
strange, unusual
inauratus, -a, -um   gilded
inceptum, -i, n.   undertaking
incertus, -a, -um   uncertain
incido, -ere, -cidi   fall on
incipio, -ere, -cepi, -ceptus   start,
begin
incito (1)   arouse

inclinatio, -onis, f.   leaning; ten-
dency, fancy
inclinatio corporis   bow
inclino (1)   bend
includo, -ere, -si, -sus   shut in, shut
up
incognitus, -a, -um   unknown
incommodum, -i, n.   inconvenience,
disadvantage
inconsiderate adv.   inconsiderately
inconsolabis, -e   inconsolable
incorrectus, -a, -um   wrong
incredibilis, -e,   unbelievable
inde adv.   from there, thence
index, -icis   index
digitus index   forefinger
indigena, -ae adj.   native
as noun: native
indignus, -a, -um   undeserved
indomitus, -a, -um   wild
industrie adv.   busily
ineo, -ire, -ii, -itum   go into
infandum interj.   alas! woe!
infans, -tis, m&f.   baby
infantia, -ae, f.   infancy
infeliciter adv.   unfortunately
infelix, -icis   unfortunate, unhappy
inferus, -a, -um   lower
infinitus, -a, -um   endless, unlimited
infirmus, -a, -um   weak
inflo (1)   blow; puff
influo, -ere, -fluxi   flow in
informis, -e   ugly
infortunatus, -a, -um   unfortunate
ingeniosus, -a, -um   talented, able
ingenium, -i, n.   nature, character;
talent, ability; "stuff"
ingens, -tis   enormous, huge
inhoneste adv.   dishonorably,
disgracefully
inhospitalis, -e   inhospitable
inhumanitas, -atis, f.   inhumanity
inhumanus, -a, -um   inhuman
inicio, -ere, -ieci, -iectus   throw in
inimicus, -a, -um   unfriendly
as noun: personal enemy
iniquus, -a, -um   unfair
initium, -i, n.   beginning

iniucundus, -a, -um unpleasant, disagreeable
iniuria, -ae, f. injury
innatus, -a, -um inborn, innate
innocens, -ntis naive, innocent
innocuus, -a, -um harmless
innumerabilis, -e countless
inopia, -ae, f. lack, scarcity
inquam say (pres. tense also serves as perf.)
insaltans, -ntis non-dancing
insciens, -ntis unknowing, unaware
inseparabilis, -e inseparable
insomnia, -ae, f. insomnia
institutum, -i, n. institution
instrumentum, -i, n. instrument
insula, -ae, f. island
insum, -esse, -fui to be in
intellego, -ere, -exi, -ectus understand
inter prep. + acc. between, among
intercido, -ere, -cidi, -cisus cut in two
interficio, -ere, -feci, -fectus kill
interiaceo, -ēre, -ui lie between
interiectio, -onis, f. interjection
interim adv. meanwhile
intermissio, -onis, f. pause
intermitto, -ere, -misi, -missus interrupt; intervene
interpellatio, -onis, f. interruption
interrogatum, -i, n. question
interrumpo, -ere, -rupi, -ruptus interrupt
intestina, -orum, n. guts
intono, -are, -ui, thunder
intrepidus, -a, -um fearless, intrepid
intro adv. within, in
intro (1) penetrate; enter
introduco, -ere, -duxi, -ductus introduce
introductio, -onis, f. introduction
introeo, -ire, -ii, -itum enter, go in
intus adv. within, on the inside
inusitatus, -a, -um unusual
inutilis, -e useless

invenio, -ire, -veni, -ventum come upon, find
investigatio, -onis, f. investigation
invictus, -a, -um unconquered, unbowed
invisus, -a, -um hated; unseen
invito (1) invite
invitus, -a, -um unwilling, reluctant
involutus, -a, -um involved
ioco (1) joke
iocosus, -a, -um joking
ioculator, -oris, m. joker
iocus, -i, m. (plur. ioca) joke
    per iocum as a joke
Iohannes, -is, m. John, Johnny
ipse, ipsa, ipsum self; very
ira, -ae, f. anger, wrath
irate adv. angrily
iratus, -a, -um angry, mad
ironia, -ae, f. irony
ironice adv. ironically
irrefutabilis, -e irrefutable
irritatus, -a, -um irritated
irrumpo, -ere, -rupi, -ruptus burst in
is, ea, id this, that
    also 3rd pers. pron.
ita adv. thus, so
itaque adv. and so
item adv. likewise
iter, itineris, n. journey
    iter facere travel
itero (1) repeat
iucundus, -a, -um pleasant; fine
iudicium, -i, n. judgment
iudico (1) judge
iugum, -i, n. team, pair
Iumbo, -onis, m. Jumbo: P. T. Barnum's very large elephant
Iuppiter, Iovis, m. Jupiter
iuro (1) swear
ius, iuris, n. right, legal right
ius, iuris, n. juice; soup
iustitia, -ae, f. justice
iuvenis, -is, young
    as noun: young man
iuvo, -are, iuvi, iutus help

K

Katherina, -ae, f. Kate
Kleenex, -icis, f. Kleenex, the paper
handkerchief

L

labor, -i, lapsus glide, float
labor, -oris, m. labor, toil, exertion;
effort; work
laboriose *adv.* laboriously
laboriosus, -a, -um wearisome,
laborious
as *noun:* hard work
laboro (1) work
lacrima, -ae, f. tear
lacrimo (1) weep, cry
laete *adv.* cheerfully, happily
laetita, -ae, f. joy, delight
happiness
laetus, -a, -um happy, cheerful
laevus, -a, -um left, on the left side
lapideus, -a, -um stone
lapis, -idis, m. stone
laridum, -i, n. bacon
lassitudo, -inis, f. weariness
Latinus, -a, -um Latin
latitudo, -inis, f. width
latrina, -ae, f. bathroom
latus, -a, -um broad, wide
latus, -cris, n. side
laudo (1) praise
Laurus, -i, m. Laurel, Stan
laus, laudis, f. praise
lautus, -a, -um expensive
lavo, -are, lavi, lotus wash
lector, -oris, m. reader
lectulus, -i, m. small bed, bunk
lego, -ere, legi, lectus read
lenis, -e, soft, gentle
leniter *adv.* gently
lente *adv.* slowly
lentus, -a, -um slow
leo, leonis, m. lion
levis, -e light
leviter *adv.* lightly
lex, legis, f. law
libellus, -i, m. program, bill

libenter *adv.* gladly, willingly
happily
liber, -era, -erum free
liber, libri, m. book
libero (1) free
libra, -ae, f. pound (weight)
licet, -ere, licuit it is permitted
ligo (1) tie
lilium, -i, n. lily
linea, -ae, f. line
lingua, -ae, f. language
lino, -ere, levi, litus spread
linquo, -ere, liqui leave
animo linquere faint
linum, -i, n. wick
liquor, -oris, m. beverage
litus, -oris, n. shore, beach
loco (1) place
locus, -i, m. (*plur.* **loca**) place;
habitat
logica, -orum, n. logic
logicus, -a, -um logical
Londinium, -i, n. London
longe *adv.* far, far off; by far
longitudo, -inis, f. length
longius *adv.* farther
longurius, -i, m. pole
longurius ferreus railroad rail
longus, -a, -um long
longum est it would be tedious
loquor, -i, locutus speak, talk, say
lucerna, -ae, f. lantern; light
lucrum, -i, n. profit
luctus, -us, m. mourning; moaning
ludificor (1) play with
ludo, -ere, -si, -sus play; sport
Ludovicus, -i, m. Louis
ludus, -i, m. game, sport; show; fun
lugeo, -ere, luxi, luctus mourn
lugubris, -e mournful

lumen, -inis, n. light; star; star (of stage and screen)
   lumen facere *trans.* star
luna, -ae, f. moon

M

machina, -ae, f. machine; engine
macte *interj.* Well done! Very good!
macula, -ae, f. spot
madefacio, -ere, -feci, -factus soak
madidus, -a, -um soaked
maestus, -a, -um sad, melancholy
magicus, -a, -um magic
magis *adv.* more
magister, -tri, m. teacher
magnificus, -a, -um noble, eminent; magnificent
magnitudo, -inis, f. size, bulk
magnopere *adv.* greatly
magnus, -a, -um large, great
  magna voce in a loud voice
maior, maius larger, greater
male *adv.* badly
maledictum, -i, n. insult, nasty word
malo, malle, malui prefer
malum, -i, n. apple
malus, -a, -um bad, evil
mane *adv.* in the morning
mando, -ere, -si, -sus chew
maneo, -ēre, -mansi, mansus remain; wait
manicae, -arum, f. handcuffs
manifeste *adv.* clearly, plainly
manifestus, -a, -um clear, obvious
manna, -ae, f. manna
manus, -us, f. hand
margarita, -ae, f. pearl
mare, -is, n. sea
marinus, -a, -um sea
martini, -orum, m. martini: a gin drink
masculinus, -a, -um masculine
mater, -ris, f. mother
matercula, -ae, f. little mother; "Mammy"
materia, -ae, f. stuff

matrimonium, -i, n. marriage
matrona, -ae, f. matron
maximus, -a, -um largest, greatest
Medi-Occidentalis, -is, f. Mid-West
medius, -a, -um middle of
mehercule *interj.* By Hercules!
melior, melius better
memini, -isse + *gen.* remember
memoria, -ae, f. memory
mendicus, -i, m. beggar
mens, mentis, f. mind
mensa, -ae, f. table
mentor, -oris, m. counselor
mercator, -oris, m. merchant
mereo, -ēre, -ui, -itus deserve
meridianus, -a, -um south, southern
meritus, -a, -um due, deserved
metuo, -ere, -ui fear
meus, -a, -um my, mine
micans, -ntis twinkling
Michaellus, -i, m. Mickey
mico (1) twinkle
microphona, -ae, f. microphone
mille *plur.* **milia** thousand
minimus, -a, -um very small
minitor (1) threaten
minus *adv.* less
mirabilis, -e wonderful
miraculum, -i, n. miracle
Miranda, -ae, m. Miranda: he was involved in a landmark civil rights case
mirandus, -a, -um wonderful
miror (1) wonder, be astonished
mirus, -a, -um wonderful; weird
miser, -era, -erum wretched; poor
miserabilis, -e miserable, unhappy
miserabiliter *adv.* pathetically, mournfully
misericordia, -ae, f. mercy

lutus, -a, -um clean
lux, lucis, f. light
luxuriosus, -a, -um luxurious

misericors, -cordis tender-hearted,
  compassionate; merciful
mitra, -ae, f. bonnet
mobilis, -e fickle
moderor (1) control
modulor (1) play (music)
modus, -i, m. way, manner; melody
moles, -is f. mass
moleste ferre be annoyed
molestia, -ae, f. trouble
molestus, -a, -um annoying,
  troublesome
mollis, -e soft, gentle
molliter adv. gently
Molossus canis hound dog
momentum, -i, n. moment (of
  time); importance
moneo, -ēre, -ui, -itus advise, warn
monitor, -oris, m. monitor
monologia, -ae, f. monologue
mons, montis, m. mountain
monstro (1) point out, show
monumentum, -i, n. monument
mora, -ae, f. delay
morbus, -i, m. disease

mordeo, -ēre, momordi, morsus
  bite
morior, -i, mortuus die
moror (1) delay
morose adv. glumly
mortuus, -a, -um dead
mos, moris, f. habit, practice,
  custom
motus, -us, m. movement
moveo, -ēre, movi, motus move
mox adv. soon
multicoloris, -e many colored
multitudo, -inis, f. crowd, large
  number
multus, -a, -um much, many
mulus, -i, m. mule
mundus, -i, m. world
murus, -i, m. wall
mus, muris, m&f. mouse
musica, -ae, f. music
musicus, -a, -um musical
  as noun: musician
mussito (1) mutter
muto (1) change
Myrta, -ae, f. Myrt

N

nam conj. for
nanciscor, -i, nactus get, obtain
narro (1) tell, relate
nascor, -i, natus be born
nasus, -i, m. nose
natio, -onis, f. nation
nativitas, -atis, f. birth
nato (1) swim, float
Natura, -ae, f. Nature
natura adv. naturally, by nature
nausea, -ae, f. nausea
nauseo (1) be seasick
navicula, -ae, f. boat
navis, -is, f. ship
ne conj. that not, lest
-ne encl. signals a question
necessario adv. inevitably,
  necessarily
necessarius, -a, -um necessary
necesse est it is necessary
neco (1) kill

neglego, -ere, -exi, -ectus disregard,
  pay no attention to; to be careless;
  to make light of
nego (1) say no, deny
negotium, -i, n. business
  negotium spectaculi show
  business
  est nihil negoti it does not take
  much
nemo -inis, m&f. no one
neque, adv. & conj. not; neither
nervicus, -a, -um nervous
nescio, -ire, -ivi not to know
neuter, -tra, -trum neither
neve = et ne
nidus, -i, m. nest
niger, -gra, -grum dark, black
nihil indecl. nothing
nimis adv. too; too much
nisi conj. if not, unless
nix, nivis, f. snow

nobilis, -e noble
noceo, -ēre, -cui + *dat.* harm, hurt
nolo, nolle, nolui not to wish, be
  unwilling
nomen, -inis, n. name; title; entry
nominativus, -a, -um nominative
nomino (1) name; mention
non *adv.* not
nondum *adv.* not yet
nosco, -ere, novi, notus know, be
  acquainted with
noster, -tra, -trum our
noto (1) mark, note
notus, -a, -um famous, well-known
novissimus, -a, -um last, rear
novus, -a, -um new

nox, noctis, f. night
  multa nocte late at night
noxius, -a, -um noxious, harmful
nubes, -is, f. cloud
nullus, -a, -um none, no
numero (1) count
numerus, -i, m. number; time, har-
  mony (of music)
nummus, -i, m. coin
numquam *adv.* now
nunc *adv.* now
nuntius, -i, m. message; announcer
nusquam *adv.* nowhere
nuto (1) nod
nux, nucis, m. nut

O

obdormio, -ire, -ivi, -itus fall asleep
obiectivus, -a, -um objective (case)
obliviscor, -i, oblitus + *gen.* forget
obscenus, -a, -um obscene,
  naughty
obscuro (1) hide, conceal; dim;
  "draw a veil over"
obscurus, -a, -um dark
obsecro (1) entreat, implore
observo (1) observe
obtineo, -ēre, -tinui, -tentus obtain,
  get
occasio, -onis, f. occasion
Occidens, -ntis, f. West
Occidentalis, -e west, western
occido, -ere, -cidi, -cisus kill
occludo, -ere, -si, -sus shut, close
occurro, -ere, -curri, -cursum + *dat.*
  meet
oceanus, -i, m. ocean
octavus, -a, -um eighth
oculus, -i, -m. eye
odi, -isse hate
odor, -oris, m. smell, odor
offendo, -ere, -fendi, -fensus
  offend, hurt
offero, -ferre, obtuli, oblatus offer
officina, -ae, f. factory; studio
officium, -i, n. duty; business
Ohio, -onis, f. Ohio

oleo, -ēre, -ui smell
olfacio, -ere, -feci, -fectus
  trans. smell
olla, -ae, f. pot
omen, -inis, n. omen, sign
omitto, -ere, -misi, -missus leave
  out; leave
omnino *adv.* wholly, entirely; at all
omnipotens, -ntis all-powerful
omnis, -e every, all
onerarius, -a, -um for freight
  onerarius ordo freight train
onus, -eris, n. burden
opera, -ae, f. effort, labor.
  operae pretium est it is worth the
  price, worth the effort
operio, -ire, -ui, -ertus close
opertus, -a, -um closed, covered
opinio, -onis, f. opinion
oportet, -ēre, -uit it is necessary
oppidum, -i, n. town
opportunitas, -atis, f. opportunity
opprimo, -ere, -pressi, -pressus
  overwhelm
opes, opum, f. wealth, riches
optime *adv.* best
optimus, -a, -um best
opus, -eris, n. job
opus est there is need
ordo, -inis, m. line

118

Orientalis, -is, f.　East
origo, -inis, f.　beginning
O'Rion, -onis, m.　O'Ryan
orior, -iri, ortus　rise
oro (1)　pray, beg, beseech
Orphicus, -a, -um　Orphic
　Orphicum Theatrum　Orpheum
os, oris, n.　mouth
os, ossis, n.　bone
　Domine Ossa　Mr. Bones!

oscillo (1)　swing
osculor (1)　kiss
ostendo, -ere, -di, -tus　show, reveal;
　flaunt
ostrea, -ae, f.　oyster
ovum, -i, n.　egg
oxymorum, -i, n.　oxymoron; com-
　bining contradictory words

P

Paar, -is m.　Paar, proper name
pachydermus, -i, m.　pachyderm,
　elephant
pacificus, -i, m.　peace-maker
Pacificus, -a, -um　Pacific
pactio, -onis, f.　contract
paene adv.　nearly, almost
pagina, -ae, f.　page
palma, -ae, f.　palm (of the hand)
panis, -is, m.　bread
pannosus, -a, -um　tattered, ragged
pantomimum, -i, n.　ballet
papa, -ae, m.　daddy
par, paris　equal
　as noun:　pair, team
paratus, -a, -um　ready, prepared
parens, -ntis, m&f.　parent
pariter adv.　equally
paro (1)　prepare
pars, partis, f.　part
　partem agere　to play a part, act
　prima pars　leading role
particeps, -cipis, m.　participant
　part
parvulus, -a, -um　little, dear little
parvus, -a, -um　small, little
pascua, -orum, n.　pastures
passer, -eris, m.　sparrow
passus, -us, m.　pace, five feet
　mille passus　one mile
pater, -tris, m.　father
patiens, -ntis　patient, enduring
patienter adv.　patiently
patientia, -ae, f.　patience
patior, -i, passus　endure; suffer;
　allow

patria, -ae, f.　country
Patricius, -i, m.　Patrick
patronus, -i, m.　patron
paucitas, -atis, f.　scarcity,
　shortage
pauci, -ae, -a　few
paulo adv.　a little
paulum adv.　a little
pauper, -eris m.　poor man
paupertas, -atis, f.　poverty
peccatum, -i, n.　sin
pectus, -oris, n.　breast
peculiaris, -e　special
pecunia, -ae, f.　money
pedicae, -arum, f.　"foot-cuffs"
peior, peius　worse
pellis, -is, f.　hide
pello, -ere, pepuli, pulsus　push
pendo, -ere, pependi, pensus　pay
penso (1)　pay for
per prep. + acc.　through; by
percipio, -ere, -cepi, -ceptus　feel
percutio, -ere, -cussi, -cussus　hit,
　strike
perdo, -ere, -didi, -ditus　destroy,
　ruin; "damn"
peregrinatio, -onis, f.　travel
peregrinator, -oris, m.　traveler
peregrinor (1)　travel
perfacilis, -e　very easy
perfectus, -a, -um　perfect
perfero, -ferre, -tuli, -latus　suffer,
　endure
perficio, -ere, -feci, -fectus　finish
perfidia, -ae, f.　perfidy,
　faithlessness

pergo, -ere, perrexi, perrectus go, proceed

peritus, -a, -um + *gen.* skilled, expert in

perlongus, -a, -um very long

permoveo, -ēre, movi, -motus move deeply, upset

permultus, -a, -um very many

perna, -ae, f. ham

pernicies, -ei, f. destruction

perpetuus, -a, -um perpetual
in perpetuum forever

perplexus, -a, -um perplexed

persaepe *adv.* very often

perscrutor (1) examine

persequor, -i, -secutus pursue
viam persequi go one's way

persisto, -ere persist

persordidus, -, -um very dirty

persuadeo, -ēre, -si, -sum persuade

perterreo, -ēre, -ui, -itus thoroughly frighten

pertineo, -ēre, -ui pertain, apply

perturbo (1) disturb

pervenio, -ire, -veni, -ventum arrive

pes, pedis, m. foot

pessimus, -a, -um very bad, worst

petasus, -i, m. hat

peto, -ere, petii, petitus seek; beg, ask

Philippensis, -e Philippine

piano, -nis, f. piano

pictura, -ae, f. picture

pietas, -atis, f. piety, duty

piget, -ēre, piguit it grieves, it regrets

pigmentum, -i, n. paint

pignerator, -oris, m. pawnbroker

pinceus, -a, -um pink

pinguis, -e fat

piper, -is, n. pepper

pius, -a, -um pious

placet, -ēre, placuit it pleases

plagiarius, -i, m. kidnapper

plane *adv.* plainly, clearly

planus, -a, -um flat

Plato, -onis, m. Plato, a Greek thinker

plaudo, -ere, -si, -sus applaud

plausus, -us, m. applause

plebeius, -a, -um plebeian

plenus, -a, -um full of

plerumque *adv.* generally

plerique, -aeque, -aque most

pluo, -ere, plui rain

plurimum *adv.* especially, most, very much

plurimus, -a, -um most

plus, pluris (*plur.* **plures, plura**) more

pluvia, -ae, f. rain

poculum, -i, n. cup

poema, -atis, n. poem

poeta, -ae, m. poet

pollex, -icis, m. thumb

polliceor, -ēri, -itus promise

polluo, -ere, -ui, -itus pollute

pompa, -ae, f. parade

pondus, -eris, n. weight

pono, -ere, posui, positus put, place; serve

pons, pontis, m. bridge

popularis, -e popular

populus, -i, m. people

porca, -ae, f. lady pig

porcarius, -a, -um pig

porcellus, -i, m. little pig

porcosus, -a, -um full of pigs

porcus, -i, m. pig

porro *adv.* onward, on; Onward!

porta, -ae, f. gate

portio, -onis, f. portion

positio, -onis, f. position, situation

possum, posse, potui be able

post *adv.* after
prep. + *acc.* after; behind

postquam *conj.* after

posterus, -a, -um following, next

postscriptum, -i, n. footnote

postulo (1) demand

potens, -entis powerful

potestas, -atis, f. power

potior, -iri, potitus + *abl.* get possession of

potius *adv.* rather

potus, -us, m. drink

praeceps, -itis headlong

praecido, -ere, -cidi, -cisus cut off

praeclarus, -a, -um very famous

praedicamentum, -i, n.
predicament

praedico, -ere, -dixi, -dictus predict

praedo, -onis, m. pirate

praefectus, -i, m. director;
president

praemanifestus, -a, -um very clear

praemeditor (1) rehearse

praemercator, -oris, m. magnate,
tycoon, (movie) mogul

praemium, -i n. reward

praemodulor (1) rehearse (music)

praesens, -ntis present, immediate

praesentia, -ae, f. presence

praesertim adv. especially

praesto, -are, -stiti, -stitus surpass,
excel
praestat it is better

praesum, -esse, -fui + dat. be in
charge of

praeter prep. + acc. except;
contrary to

praeterea adv. in addition, besides

praetereo, -ire, -ii, -itum go by, pass

praeteritus, -a, -um past
praeterita, -orum, n. past

praetermitto, -ere, -misi, -missus
pass over, omit

praeterquam adv. beyond, besides,
except

praetervehor, -i, -vectus drive by,
pass

prandium, -i, n. lunch

pregnans, -ntis pregnant

premo, -ere, pressi, pressus press

pretiosus, -a, -um expensive
precious

pretium, -i, n. price; payment

prex, -cis, f. prayer

pridem adv. long ago

primo adv. at first

primum adv. first, for the first time

primus, -a, -um first
in primis especially

princeps, -cipis adj. first, foremost
as noun: chief, boss

principalis, -e main, principal

principium, -i, n. beginning
a principio from the beginning

prior, prius previous, prior

priusquam conj. before

privatus, -a, -um private

pro prep. + abl. in front of; instead
of; for; as

pro interj. for
Pro pudor! For shame

problema, -atis, n. problem

procedo, -ere, -cessi, -cessum
proceed, go, go on

procul adv. far off, at a distance

procurro, -ere, -curri, -cursum run
forth

prodo, -ere, -didi, -ditus betray

produco, -ere, -duxi, -ductus produce

proelium, -i, n. battle

profero, -ferre, -tuli, -latus quote

professio, -onis, f. profession

proficiscor, -i, profectus set out,
start

profundo, -ere, -fusi, -fusus pour
over, pour forth

profundus, -a, -um deep

progredior, -i, -gressus go, proceed

proicio, -ere, -ieci, -iectus throw

promitto, -ere, -misi, -missus
promise

promptus, -a, -um quick, fast

prope adv. near
prep. + acc. near

propello, -ere, -puli, -pulsus push,
shove

propero (1) hurry, hasten

propheta, -ae, m. prophet

propinquus, -a, -um near, nearby,
close

propior, propius nearer

propius adv. nearer

propono, -ere, -posui, -positus
offer, propose

proprius, -a, -um one's own

propter prep. + acc. because of

proscriptio, -onis, f. advertisement

prosequor, -i, -secutus chase,
pursue

prosum, prodesse, profui + *dat.*
 benefit
protego, -ere, -texi, -tectus protect
protero, -ere, -trivi, -tritus trample
proverbium, -i, n. proverb, old
 saying
proximus, -a, -um next, close
publicus, -a, um public
 via publica highway
pudor, -oris, m. shame
 Pro pudor! For shame
puer, -i, m. boy
 plur. children
pueritia, -ae, f. childhood
puerolus, -i, m&f. tot
pugno (1) fight

pulcher, -ra, -rum beautiful, fine
pulchritudo, -inis, f. beauty
pullus, -i, m. chicken
pullulo (1) sprout
pulso (1) beat, tap
pulvis, -eris, m. dust
punctum, -i, n. point
 punctum temporis moment,
 instant of time
punctuosus, -a, -um dotted
punio, -ire, -ivi, -itus punish
pupa, -ae, f. dolly
purus, -a, -um pure, clean
puto (1) think
putridus, -a, -um rotten

Q

qua de causa therefore
quadrate *adv.* squarely
quaero, -ere, -sivi, -situs ask,
 inquire
quam *adv.* with *adj.* & *adv.* how
 with *compv.* than
quanto *adv.* by how much
quantus, -a, -um how great? how
 much?
qua re *adv.* why? therefore
quasso (1) shake, shimmy
quatenus *adv.* as far as
quattuor four
-que and
querimonia, -ae, f. complaint
quernus, -a, -um oak
queror, -i, questus complain
qui, quae, quod *interrog. adj.* what?
 relat. pron. who, which, that
quidam, quaedam, quoddam a
 certain, a, an

quidem *adv.* indeed, certainly
quies, -etis, f. rest
quinque five
quintus, -a, -um fifth
quis, quid *interrog. pron.* who?
 what?
quisquam, quicquam *indef. pron.*
 anyone, anything
 adj. any
quisque, quaeque, quidque *indefin.*
 pron. each, each one
 adj. each
quisquilliae, -arum, f. garbage
quisquis, quicquid *indef. rel. pron.*
 whoever, whatever
quo *adv.* to what place? where?
quod *conj.* because; the fact that
quomodo *adv.* how?
quondam *adv.* formerly, once
quoque *conj.* also, too

R

rabidus, -a, -um raving, mad
radix, -icis, f. root
rapio, -ere, -ui, raptus seize, grab
rarus, -a, -um rare

ratio, -onis, f. reasoning, think-
 ing; "way"
reactio, -onis, f. reaction
recens *adv.* recently

recipio, -ere, -cepi, -ceptus take
back
 se recipere recover
reclamo (1) shout back
recognosco, -ere, -novi, -notus
recognize; acknowledge
recordatio, -onis, f. recollection;
"Shades"
recte adv. rightly
rectus, -a, -um right, correct;
straight
recurro, -ere, -curri run back
reddo, -ere, -idi, -ditus give back
redemptio, -onis, f. ransom
redeo, -ire, -ii, -itum go back,
return
redigo, -ere, -egi, -actus reduce
reduco, -ere, -duxi, -ductus bring
back
refero, referre, rettuli, relatus bring
back, carry back, draw back
regina, -ae, f. queen
regio, -onis, f. region; "side"
rcicio, -ere, -leci, -iectus reject;
throw back
reiectio, -onis, f. rejection
reitero (1) repeat
relevo (1) relieve
relinquo, -ere, -liqui, -lictus leave
reliquus, -a, -um rest
remigo (1) row
remitto, -ere, -misi, -missus send
back; fire back
removeo, -ēre, -movi, -motus
remove
renascor, -i, -natus be born again
renato (1) swim back
renatus, -a, -um reborn
reperio, -ire, repperi, repertus find
repetitio, -onis, f. repeat; "remake"
repraesento (1) represent
requisitus, -a, -um required, correct
res, rei, f. thing; subject; circumstance

res ipsa "the real thing"
res publica, rei publicae, f. state,
republic; government
resido, -ere, -sedi settle, die down;
sit down
resisto, -ere, -stiti + dat. resist
respecto (1) look back
respicio, -ere, -spexi, -spectus look
back
respondeo, -ere, -spondi, -sponsus
respond, answer
responsum, -i, n. answer
restituo, -ere, -ui, -itus restore
retineo, -ēre, -ui, -tentus keep
retro adv. backwards
revelatio, -onis, f. revelation
revenio, -ire, -veni, -ventum come
back
revertor, -i, reverti, reversus return
revocatio, -nis, f. recall
revoco (1) recall; revive
rex, regis, m. king
rhoncus, -i, m. snort
rhythmus, -i, m. rhythm
rideo, -ēre, -si, -sus laugh
ridiculus, -a, -um ridiculous
rima, -ae, f. crack, cranny
ripa, -ae, f. river bank, riverside
risus, -us, m. laughter; smile
robustus, -a, -um hardy, sturdy
 Robustus Hardy, Oliver
rogo (1) ask
rosa, -ae, f. rose
Rosula, -ae, f. Rosy
rota, -ae, f. wheel
roto (1) whirl; revolve
rudo, -ere, -ivi, -itus roar
rufus, -a, -um red
rumpo, -ere, rupi, ruptus burst
rursus adv. again
rusticus, -a, -um country, rustic,
hick
 as noun: hick
rutilo (1) make red, redden

S

saccus, -i, m. bag
sacrificium, -i, n. sacrifice

saepe adv. often
saevus, -a, -um cruel

sagitta, -ae, f. arrow
sal, salis, m. salt
salio, -ire, -ui, saltus leap, jump
saltatio, -onis, f. dance
   levis saltatio Hibernica jig
saltator, -oris, m. dancer
saltatrix, -icis, m. lady dancer
salto (1) dance
salutatrix, -icis, f. lady visitor
salutifer, -fera, -ferum safety-
   bringing; "life"
saluto (1) greet
salvus, -a, -um safe
Samarcandum, -i, n. Samarcand, a
   fabled city
sancte *adv.* solemnly; "by all that's
   holy"
sanctus, -a, -um sacred, holy
sanguineus, -a, -um bloody
sanguis, -inis, m. blood
sanitas, -atis, f. health
sanus, -a, -um sound
sapiens, -entis wise
sapienter *adv.* wisely
sapo, -nis, f. soap
sarabandum, -i, n. saraband, a wild
   dance
sarsaparilla, -ae, f. sarsaparilla: an
   archaic soft drink
satelles, -itis, m. assistant; under-
   ling; employee
satis *indecl. noun* enough
   adv. enough
saxosus, -a, -um full of rocks
   as *noun:* Rocky
scaena, -ae, f. stage; scene
   post scaenam backstage
   in scaena on stage
scaenicus, -a, -um stage
scala, -ae, f. ladder
Scarabei, -orum, m. Beatles, a
   rock group
scelestus, -i, m. rascal
scelus, -eris, n. crime
scientia, -ae, f. knowledge; skill;
   science
scindo, -ere, scidi, scissus split,
   separate, tear, divide
scio, -ire, scivi, scitus know

scissus, -a, -um torn
sclopetum, -i, n. gun, pistol
scribo, -ere, scripsi, scriptus write
scrofa, -ae, f. sow
scurra, -ae, m. clown
sector, -oris, m. cutter
secundum *prep. + acc.* by, along
secundus, -a, -um next, second;
   favorable
securitas, -atis, f. security
sed *conj.* but
sedatus, -a, -um "cool"
sedeo, -ēre, sedi, sessus sit
sedes, -is, f. seat
sella, -ae, f. chair
semel *adv.* once, one time
semen, -inis, n. seed
semisomnus, -a, -um half-asleep,
   drowsy, sleepy
semper *adv.* always
sempiternus, -a, -um everlasting,
   eternal
senex, senis old
   as *noun:* old man
sensus, -us, m. feeling
sententia, -ae, f. motto; sentiment
sentio, -ire, sensi, sensus understand, realize; feel
separo (1) separate
septem seven
septimus, -a, -um seventh
sepulcretum, -i, n. graveyard
sequor, -i, secutus follow
sermo, -onis, f. talk
sero, -ere, -sevi, setus plant, sow
sero *adv.* late, at a late hour
serpens, -entis, m&f. snake
servo (1) save
severe *adv.* sternly, seriously
severus, -a, -um serious, sober,
   stern, gloomy
sexagesimus, -a, -um sixtieth
sexus, -us, m. sex
si *conj.* if
sibilo (1) hiss
sibilum, -i, n. hiss
sibulus, -i, m. whistle
sic *adv.* thus, so
sica, -ae, f. dagger

sicco (1) dry
siccus, -a, -um dry
sido, -ere sink
signatorius, -a, -um sealing (wax)
significatio, -onis, f. hint; meaning
significo (1) indicate, mark, mean
signum, -i, n. mark, sign; symbol
silentium, -i, n. silence
silva, -ae, f. wood, forest
simia, -ae, f. monkey
similis, -e + dat. like, similar
similiter adv. + ac. as, in like
  manner as, like
simplex, -icis simple
simul adv. at the same time
simulo (1) imitate; pretend
sine prep. + abl. without
Sinensis, -e Chinese
singulto (1) sob
singultus, -us, m. sob
sinister, -tra, -trum left
Sirenaeus, -a, -um Siren
sisto, -ere, stiti, stitus stop
sitis, -is, f. thirst
situla, -ae, f. bucket
societas, -atis, f. society
socio (1) accompany
socius, -i, m. partner, companion
sodalis, -is, m. pal, buddy; member
  (of an organization)
sol, solis, m. sun
solacium, -i, n. comfort
soleo, -ēre, solitus sum be
  accustomed
solitarius, -a, -um lone
solitus, -a, -um usual, customary
solum, -i, n. floor, ground
solus, -a, -um sole, only, alone
somniculose adv. sleepily
somnium, -i, n. dream
somnus, -i, m. sleep
sono (1) sound, resound
sonus, -us, m. sound
sorbeo, -ēre, -ui swallow
sordidus, -a, -um dirty
soror, -oris, f. sister
spargo, -ere, sparsi, -sus scatter
spatium, -i, n. space, room

species, -ei, f. look, appearance
spectaculum, -i, n. show; sight
spectator, -oris, m. spectator
  plur. audience
specto (1) look, look at; face; see,
  watch
speculor (1) look for
speculum, -i, n. mirror
spero (1) hope
spes, -ei, f. hope
spiritus, -us, m. spirit
spendidus, -a, -um splendid, fine,
  excellent
spons, spontis, f. free will
  sua sponte voluntarily
sputo (1) spit
squalidus, -a, -um dirty
stabulum, -i, n. stable
stagno (1) stagnate
statim adv. immediately
statura, -ae, f. height
stella, -ae, f. star
sterto, -ere, -ui snore
stilus, -i, m. pen
stipes, -itis, m. log
sto, -are, steti stand
stramentum, -i, n. straw
strangulo (1) choke
strenuus, -a, -um strenuous,
  vigorous
strepo, -ere, -ui hum
strido, -ere, stridi scream, shriek
stridor, -oris, m. squealing
studeo, -ēre, -us + dat, study;
  eager to, eager for
studio, -onis, f. studio
studiose, adv. eagerly, anxiously
studiosus, -a, -um eager
studium, -i, n. enthusiasm, eager-
  ness
stultus, -a, -um stupid
  as noun: idiot
stupefacio, -ere, -feci, -factus stun,
  stupefy
stupefactus, -a, -um stunned
stupeo, -ēre, -ui be stunned, be
  astonished
stupidus, -a, -um stupid

Styx, -ygis, f. Styx, a river of the Underworld

suavis, -e, pleasant, attractive

sub *prep. + acc. & abl.* under

subiectivus, -a, -um subjective

subito *adv.* suddenly

submergo, ere, -si, -sus sink, drown

submitto, -ere, -misi, -missus lower; bow

subscribo, -ere, -scripsi, -scriptus sign

subsido, -ere, -sedi, -sessus subside, die down

subucula, -ae, f. shirt

succedo, -ere, -cessi, -cessum succeed, take the place of; be successful

successus, -us, m. success

sudarium, -i, n. handkerchief

sudor, -oris, m. sweat

sui *reflex. pron. of 3rd pers.* himself, etc.

sum, esse, fui, futurus be

summa, -ae, top, summit; sum, amount

summus, -a, -um top of; greatest, utmost

sumptus, -us, m. expense

super *prep. + acc.* over, above

superbia, -ae, f. pride

superfluo, -ere, overflow, run over

superior, superius higher, upper, superior

supero (1) overcome; cross

supersum, -esse, -fui survive

supervolo (1) fly over

supplodo, -ere, -si stamp, stomp

supprimo, -ere, -pressi, -pressus suppress, restrain, check

supra *adv.* above

supremus, -a, -um supreme

surgo, -ere, surrexi get up, stand up, rise

sursum, *adv.* up, upward

suspendo, -ere, -di, -sus suspend, hang

suspicor (1) suspect

sustineo, -ēre, -ui, -tentus hold up, keep up

susurro (1) whisper

suus, -a, -um *reflex. poss. adj. of 3rd pers.* his, their, etc.

symphonia, -ae, f. orchestra, band

T

taberna, -ae, f. shop

  taberna argentaria bank

taceo, -ēre, -ui, -itus be quiet, say nothing

  tace shut up!

tacite *adv.* quietly, silently

taedet, -ēre it wearies

taenia, -ae, f. ribbon

tam *adv.* so

tamen *adv.* yet, nevertheless

tandem *adv.* finally

tango, -ere, tetigi, tactus touch

tantum *adv.* only

tantus, -a, -um so great, so much

tarde *adv.* slowly

tardus, -a, -um slow

taurus, -i, m. bull

tego, -ere, texi, tectus cover

televisio, -onis, f. television

tempero (1) govern, control

tempestas, -atis, f. storm

temporarius, -a, -um temporary

tempto (1) try

tempus, -oris, n. time

tendo, -ere, tetendi, tensus stretch, stretch out

teneo, -ēre, ui hold

tener, -era, -erum tender

tentus, -a, -um tense

tenus *prep. + abl.* up to, as far as

tergum, -i, n. back

  a tergo in the rear

terminus, -i, m. boundary, limit

tero, -ere, trivi, tritus waste, rub
terra, -ae, f. land; earth
terreo, -ēre, -ui, -itus frighten
terribilis, -e awful, dreadful
tessera, -ae, f. ticket; password
  tessera fidei "credit card"
tetrastichum, -i, n. stanza
texo, -ere, -xui, -xtus weave
thea, -ae, f. tea
theatrum, -i, n. theater
thesaurus, -i, m. treasure; dictionary
tibiale, -is, n. stocking
tigris, -idis, m. tiger
timeo, -ēre, -ui fear
timidus, -i, m. timid
timor, -oris, m. fear
tinnio, -ire tinkle
titubo (1) stagger; boggle
titulus, -i, m. title
tolerabilis, -e reasonable
tolero (1) support
tollo, -ere, sustuli, sublatus raise, pick up
  Tollite "Up With...!"
tonans, -antis thundering
torqueo, -ēre, -torsi, tortus twist, curl
tortuosus, -a, -um curly; involved
totus, -a, -um whole
  in toto all together
trado, -ere, -didi, -ditus hand down, teach
tragoedia, -ae, f. tragedy
traho, -ere, traxi, -tractus draw, drag

tranquille *adv.* calmly, quietly
tranquillus, -a, -um calm
trans *prep.* + *acc.* across
transeo, -ire, -ii, -itum cross; go through
trauma, -atis, n. trauma
tremebundus, -a, um trembling, "waggledy"
tremefacio, -ere, -feci, -factus shake
trepidus, -a, -um nervous
tres, tria three
triste *adv.* sadly
tristis, -e sad, mournful
tristitia, -ae, f. sadness, gloom, dejection
triumpho (1) triumph
triumphus, -i, m. triumph, success
tu *plur.* **vos** you
tubus, -i, m. tube
tum *adv.* at that time, then
tumultus, -us, m. uproar, disturbance
tunc *adv.* then
tunica, -ae, f. coat, cloak
turba, -ae, f. crowd
turbulentus, -a, -um restless, unruly
turma, -ae, f. troop (of cavalry)
turpis, -e mean; base, infamous
turris, -is, f. tower
tussio, -ire cough
tutus, -a, -um safe

U

ubi *conj.* where; when
ubicumque *conj.* wherever
ubique *adv.* everywhere
ullus, -a, -um any
ultimus, -a, -um last
ultra *prep.* + *acc.* beyond
ululatus, -us, m. whoop, whooping, yelling
ululo (1) scream, whoop, shriek, yell

umbella, -ae, f. umbrella
umbilicus, -i, m. navel
umquam *adv.* ever, at any time
una *adv.* together
unctus, -a, -um greased, "grease"
uncus, -i, m. hook
unda, -ae, f. wave
undique *adv.* from all sides; on all sides
ungula, -ae, f. hoof

universus, -a, -um whole, entire; all together
unus, -a, -um one
urbanus, -a, -um city
urbs, urbis, f. city
ursus, -i, m. bear
usquam *adv.* anywhere
usque *adv.* right up (to)
usus, -us, m. use
ut *conj. + indic.* as, when; with *subj.* that, so that

uter, utra, utrum which (of two)
untercumque, utracumque, utrumcumque whichever (of two)
uterque, utraque, utrumque each (of two)
utilitas, -atis, f. use
utor, -i, -usus + *abl.* use, treat
utrimque *adv.* on both sides
uxor, -oris, f. wife

V

vacca, -ae, f. cow
vacillo (1) rock, sway
vacuefacio, -ere, -feci, -factus empty, make empty
vacuus, -a, -um empty, vacant
vado, -ere, go, proceed
vagio, -ire, -ii cry, bawl, squall
vagor (1) wander, roam
vah *interj.* hey!
  vah! vah! hey! hey!
valde *adv.* strongly, vigorously
vale, valete good-bye! farewell!
valetudo, -inis, f. health
validus, -a, -um strong
valrus, -i, m. walrus
vapor, -oris, m. gas
vaticinatio, -onis, f. prophecy
vaticinator, -oris, m. prophet
vaticinor (1) prophesy
vectigal, -alis, n. tax
vector, -oris, m. passenger
vehemens, -ntis violent, impetuous
vehementer *adv.* violently, strongly
veho, -ere, vexi, vectus bear, carry
vel *adv.* well!
velox, -ocis fast, speedy
velum, -i, n. curtain; screen
velut *adv.* as, like, just as
venator, -oris, m. hunter
venenatus, -a, -um poisonous
venia, -ae, f. favor
  veniam petere beg pardon
venio, -ire, veni, ventum come

venter, -tris, m. belly
ventilo (1) fan
venustus, -a, -um charming; graceful; beautiful
ver, veris, n. spring (the season)
verax, -acis truthful
verbum, -i, n. word
vereor, -ēri, veritus fear
verisimile est it seems likely
veritas, -atis, f. truth
vermis, -is, m&f. worm
vero *adv.* truly, actually
versus, -us, m. line (of verse)
verto, -ere, -ti, -sus turn
verum, -i, n. truth
verus, -a, -um true
vescor, -i, +*abl.* eat
vesper, -eri, m. evening
vestibulum, -i, n. porch
vestigium, -i, n. track
vestimentum, -i, n. garb, clothing; articles of clothing
vestio, -ire, -ivi, -itus dress, clothe
vetus, -eris old
vexillum, -i, n. flag
vexo (1) worry, harass
via, -ae, f. way; path, road, street
viator, -oris, m. traveler
vibrans, -ntis quivering
vibro (1) wave, brandish
victor, -oris victorious
victoria, -ae, f. victory
Victoria, -ae, f. Victoria, past queen of England

128

videlicet *adv.* of course, naturally
video, -ēre, vidi, visus see
   pass. seem; seem best
viginti twenty
vigor, -oris, m. liveliness, vigor
vinco, -ere, vici, victus conquer
vinculum, -i, n. tie, necktie
vinum, -i, n. wine
violina, -ae, f. violin
   violina rustica fiddle
vir, -i, m. man
virgo, -inis, f. maiden
viridis, -e green
virtus, -utis, f. courage, virtue
vis, vis, f. power,
   plur. physical strength
   vis electrica electric power
visibilis, -e visible, in sight
viso, -ere, -si, -sus visit
vita, -ae, f. life

vitiosus, -a, -um "wanting"
vitium, -i, n. fault, shortcoming
vito (1) avoid
vitrum, -i, n. glass
vivo, -ere, vixi live
vivus, -a, -um live, living
vocatus, -us, m. call
voco (1) call, summon, invite
volatus, -us, m. flight
volito (1) fly
volo, velle, volui wish
volo (1) fly
volumen, -inis, n. roll
voluptas, -atis, f. pleasure
volvo, -ere, volvi, volutus roll
vox, vocis, f. voice
vulgaris, -e common, vulgar
vulnero (1) wound, hurt
vultus, -us, m. expression, look

Z

Zamboanga, -ae, f. Zamboanga, a
   city in the Philippines
Zinziber, -eris, f. Ginger, proper
   name
zythus, -i, m. beer